KB259850

중국
비즈니스
케이스
스터디

중국 비즈니스 케이스 스터디

지은이 | 김병추

1판 1쇄 펴낸날 | 2013년 7월 1일

펴낸이 | 이주명
편집 | 문나영
출력 | 문형사
종이 | 화인페이퍼
인쇄 · 제본 | 한영문화사

펴낸곳 | 필맥
출판등록 | 제300-2003-63호
주소 | 서울시 서대문구 충정로2가 184-4 경기빌딩 606호
이메일 | philmac@philmac.co.kr
홈페이지 | www.philmac.co.kr
전화 | 02-392-4491
팩스 | 02-392-4492

ISBN 978-89-97751-24-2 (03320)

* 잘못된 책은 바꾸어 드립니다.
* 값은 뒤표지에 있습니다.

이 도서의 국립중앙도서관 출판시도서목록(CIP)은 e-CIP홈페이지(http://www.nl.go.kr/cip.php)에서 이용하실 수 있습니다. (CIP제어번호 : CIP2013009076)

중국
비즈니스
케이스
스터디

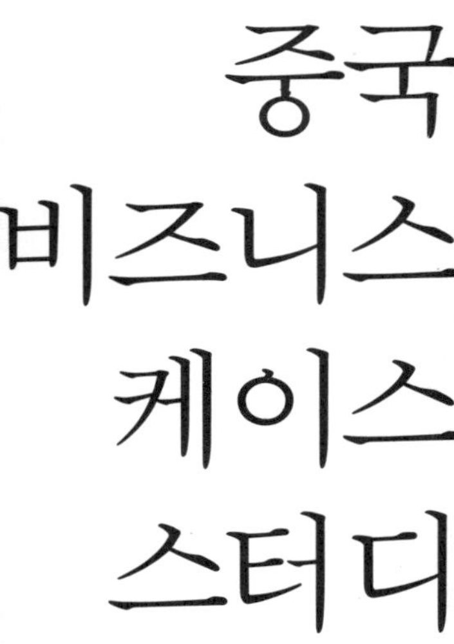

김병추 지음

필맥

중국에서 중국 기업이나 중국 사람을 상대로 한 재판에서 한국 기업이나 한국 사람이 이기기는 정말 힘들다. 어렵게 이겼다 해도 상대가 판결대로 따르지 않을 경우 강제집행이 또 쉽지 않다. 요행히 강제집행에 들어갈 수 있게 되어도 남는 것이 없다면 어떻게 해야 하나?

재판만이 문제가 아니다. 국가에 의해 제도화된 폭력, 13억 인구 중 절반 가까이가 사용한다는 인터넷에 만연한 무법상태, 노사관계 법령이 점점 더 노동자 위주로 강화되는 현실, 이제는 투자도 가려서 받아들이겠다는 중국 정부의 태도 등도 문제다. 그러나 오늘날 한국 기업에 중국은 외면할 수 없는 시장이다. 그래서 중국에 진출했다가 눈 뜨고 당하는 한국 기업을 나는 많이 보았다. 이 책을 통해 그 실상을 적나라하게 알리고자 한다.

이 책에 나오는 사건들은 전부 다 실제로 일어난 일이다. 이 책에서 거론되는 회사 가운데 실패하여 한국으로 돌아온 회사도 있지만, 대다수는 실패를 거울삼아 지금도 중국에서 활발하게 비즈니스를 전개하고 있다. 그중에는 크게 성공한 회사도 있고, 아직은 재기를 꿈꾸면서 중국에서 절치부심(切齒腐心)하는 회사도 있다. 이 책에서 회사와 대표자의 이름을 실명으로 밝히지 못하는 것도 그래서다. 그러나 사실을 적시하다보니, 저자가 의도한 일은 아니지만 독자가 본인 혹은 본인이 근무했거나 근무하고 있는 회사와 관련된 이야기를 이 책에서 접하게 될지도 모르겠다. 또한 독자가 이 책에서 언급된 회사가 어느 회사인지 짐작할 수 있는 경우도 있을 수 있다. 이런 경우 사람에 따라 다소 언짢은 마음을 가질 수도 있다고 생각된다. 그런 부분이 있다면 미리 양해를 구하는 바이다.

지은이인 나는 중국 베이징(北京)에서 5년여, 상하이(上海)에서 8년여를 살았다. 베이징에서는 한국 종합상사의 주재원으로, 상하이에서는 한국 종합상사와 현지 업체 간 합자회사의 사장(總經理: 쭝징리)으로 활동했다. 그 뒤 회사를 옮겨 중국에 진출한 한국 독자기업의 현지 판매법인장, 독자기업과 합자기업의 공장 생산 및 판매를 총괄하는 회장(董事長: 둥스장) 등을 지냈다. 베이징을 떠나 상하이로 가기 전에 한국과 싱가포르에서 근무한 적이 있지만, 그때도 내 일의 많은 부분이 중국과의 비즈니스였다. 따라서 나는 1991년부터 22년간 계속해서 중국과 관계를 유지하며 중국과 비즈니스를 해온 셈이다.

그럼에도 누군가가 필자에게 "중국은 어떤 나라냐?"고 묻거나 중국에서 자신이 부닥친 어떤 구체적인 사건에 대해 "어떻게 하는 게 좋겠느냐?"고 묻는다면 "죄송합니다만, 잘 모르겠습니다"라고 대답해야 할 것 같다. 22년간이나 중국과 비즈니스를 해왔는데도 나에게 중국은 여전히 어려운 나라이며 잘 모르는 것투성이다. 그동안 많은 중국 사람을 상대해 왔는데도 나는 여전히 중국 사람을 어디까지 믿어야 하는지 알 수 없다. 왜 그럴까? 수없이 자문해 보았지만 확실한 답은 찾지 못했다.

‘△자기와 상관없는 일에는 나서지 않는다. △절대로 자신의 잘못을 인정하지 않는다. △미리 ‘No’ 라고 하지 않는다. △무엇이든 애매모호하게 해 놓는다.’ 내가 보기에는 이 네 가지가 중국 사람들의 가장 공통된 특징이다. 이런 특징들이 비즈니스와 연결되면 어떤 형태로 나타날까?

지금 중국의 지도층은 과거에 중국을 광란과 암흑의 도가니로 몰아넣었던 ‘대약진운동’ 과 ‘문화혁명’ 의 피해자라고 할 수 있는 지식인들 위주로 이루어져 있다. 그들은 지금도 사회적으로는 원로이고, 가정에서는 어른이다. 그들이 의식적, 무의식적으로 후배 세대와 자식들에게 생존의 방편으로 위와 같은 특징들을 심어 넣거나 가르친 것이 아닐까? 그래서 중국인의 전반적인 의식구조에 영향을 미친 것이 아닐까? 비즈니스에서는 그런 특징들이 어떻게 표출될까?

“중국은 하나의 국가일까?” 우문(愚問)이 아니냐고 말할 사람들이 많을 것 같다. 물론 정치적으로도, 외교적으로도 중국은 하나의 국가임에 틀림없다. 그러나 경제적인 측면에서는 중국은 이미 하나의 국가가 아니라고 나는 생각한다. 지방별로 존재하는 독특한 문화와 지방분권주의도 경제에 영향을 미친다. 시장으로서의 중국은 적어도 대여섯 개의 지역으로 나누어 봐야 한다. 좀더 심하게 말하면, 중국은 적어도 대여섯 개의 나라로 나누어서 생각하지 않으면 안 된다.

‘중국은 어떠하다.’ ‘중국 사람은 어떠하다.’ ‘중국 사람에게 어떻게 하면 어떤 반응이 나온다.’ ‘중국에서는 어떻게 하라.’ 이런 식으로 단정하는 명제들은 모두 틀린 것이다. 그런 명제들은 중국 전체를 하나의 집단으로 볼 때에만 성립될 수 있다. 그러나 중국은 이제 더 이상 하나의 집단이 아니다. 오늘날의 중국을 하나의 집단이나 하나의 조직으로 보고 하는 이야기는 다 장님이 코끼리를 만지고 하는 말과 같다.

이 책에서 소개되는 사례들과 같이 중국에서 과거에 실제로 일어났거나 현재 진행 중인 사건이나 재판들에 대해 어떻게 대응했거나 대응해야 한다고 단정적으로 말할 수는 없다. 정답은 없다. 나는 이 책을 통해 독자와 함께 그런 사건이나 재판들의 원인, 진행과정, 결과를 살펴보고, 각각의 경우에 주목해야 할 시사점과 키포인트를 짚어보고자 한다. 판단은 독자의 몫이다.

| 차례 |

프롤로그 · 4

01 인터넷으로 돈 벌기 쉬워요! · 10

02 창고에 보관한 물건이 없어지다니 · 20

03 소송에는 이겼는데 강제집행이 안 되네! · 34

04 이이제이(以夷制夷) · 43

05 깡패와의 거래 · 52

06 가장 어려울 때 가장 아픈 곳을 찔린다 · 62

07 중국인이 만만디라고요? · 74

08 풍기문란 사건 · 80

09 죽 쒀서 개 줬구나! · 90

10 이 사람, 중국에서 작은 잘못은 모르는 척해야지! · 99

11 중국인이 무대뽀인 줄 몰랐단 말이야? · 109

12 관시(關係) 역이용하기 · 116

13 아뿔싸, 중재가 더 시간이 걸리네! · 126

14 파트너에게 회사를 강탈당할 수도 있다 · 135

15 본사에서 수입한 원자재가 밀수라고? · 142

16 여권을 담보로 제출하라고? · 149

17 이름 좀 빌렸을 뿐인데 웬 날벼락 · 155

18 미련은 미련한 짓이다 · 163

19 한국 회사에 또 팔아먹지, 뭐! · 170

20 중국 주재원과 부동산투기 · 175

21 야반도주 외에는 방법이 없었어요 · 181

에필로그 · 187

인터넷으로 돈 벌기 쉬워요

A사는 중국에서 자동차 부품을 생산하여 판매하는 한국의 대형 회사다. 생산된 제품을 중국의 여러 자동차 생산업체에 납품할 뿐만 아니라 자체 판매망을 통해 자동차 수리점, 대리점, 백화점 등 부품을 판매하는 업체들에도 공급한다. 이렇게 중국 내수시장에까지 진출해서 이 회사는 꽤 재미를 보고 있다.

어느 날 A사의 마케팅 부서에서 근무하는 부장이 사장에게 달려왔다.

"인터넷에 우리 회사를 비방하는 내용의 글들이 떴습니다. 우리 회사 제품의 품질이 엉망이라느니, 사용자가 사용하기에 적당하지 않은 우리 회사 제품이 대량 유통되고 있다느니, 우리 회사 제품이 원인이 되어 자동차가 폭발한 적이 있다느니 하는 내용입니다."

"뭐라고, 어째서 그런 글들이 떴는가? 그리고 폭발이라니? 실제로 그런 일이 있었는가?"

"소비자불만 전화접수 부서나 기타 영업부서에서는 아직 그런 일이 있었다는 보고를 받지 못했습니다."

"우선 각 영업부문을 포함한 모든 부서에 지시하여 최근에 우리 회사 제품을 사용하다가 사고가 난 일이 있었는지 조사해보도록 하게. 그리고 이와 별도로 신문과 잡지 등 오프라인 매체에서 그런 보도를 한 적이 있는지도 즉시 조사해보게."

전 부서를 동원하여 조사를 벌였지만, 그런 일이 있었음은 확인되지 않았다. 그런 일이 있으면 즉시 회사로 연락이 오기 때문에 보통은 회사에서 별도로 조사하지 않아도 저절로 알게 된다. 그러나 소비자가 중국의 국가기관인 '질량중심' (정식 명칭은 '중국질량인증중심')이나 '소비자고발센터' (정식 명칭은 '중국질량만리행') 등에 직접 고발하는 일도 종종 있기 때문에 여러 경로를 통해 세밀하게 조사해봐야 한다. 그러나 질량중심과 소비자고발센터에 알아보아도 그런 고발이 접수된 적이 없다고 했고, 그 밖의 다른 관련 기관들에도 그런 고발이 있었다는 제보는 없었다.

"뭔가 잘못된 것이로군. 곧 시정되겠지. 아니면 저러다 말겠고……."

그러나 며칠 뒤에 상황이 더 악화되고 있다는 보고가 올라왔다.

"큰일 났습니다. 2~3일 전에 시작된 엉터리 보도가 인터넷 사이트 80여 군데에 떴고, 더 널리 급속하게 퍼지는 중입니다. 더구나 그 80여 개 사이트 중에는 중국의 인터넷 매체 가운데 가장 영향력이 큰 곳 중 하나인 QQ(www.qq.com)도 포함돼있습니다."

"뭐라고? 아니, 그 보도는 잘못된 것이라고 하지 않았나? 근거도 없고?"

"예, 저희도 그렇게 생각하고는 있는데, 그런 것(잘잘못)과는 상관없이 급속하게 퍼지고 있습니다. 대책을 세워야 할 것 같습니다."

"우선 그런 보도의 출처를 조사해보게. 그리고 제품의 품질이 어떻다느니 폭발이 일어났다느니 하는 보도에 대해서도 '그런 일 없다'고 단정하지 말고 다시 한 번 조사해보도록 하게. 중국은 넓은 나라이니, 그 넓은 땅덩어리의 어느 한 구석에서 품질과 관련된 사고가 일어났는데 우리가 모르고 있을 수도 있지 않겠나."

조금 있으니 영업부서 임원들이 달려왔다.

"카 메이커(Car Maker)들에서 문의하는 전화가 빗발칩니다. 빨리 조사하여 사실 여부를 알려주고 사실이면 대책을 세우라는 독촉입니다. 자기들의 차량 판매에 영향이 있을 경우에는 구매를 중단하겠다는 엄포까지 놨습니다."

"판매 대리상과 자동차 수리점들에서도 전화를 걸어와 내용을 물어보고 소동을 빨리 잠잠하게 만들라고 아우성입니다. 그렇게 하지 않으면 자기들의 영업에 큰 지장이 초래될 것이니 우리 제품을 사지 않을 수도 있다고 협박입니다."

이럴 수가 있는가. 사실이 아닌 보도로 인해 잘못하면 판매에 엄청난 악영향을 받게 되어 몇 년간에 걸쳐 쌓아놓은 신뢰가 다 무너질 수도 있는 상황이었다.

그런데 보도의 출처를 찾기가 쉽지 않았고, 인터넷 업체들에 연락해 봐도 모두 "우리는 다른 인터넷 업체의 보도 내용을 그대로 전달했을 뿐"이라는 반응이 대부분이었다. 대형 인터넷 업체 중에는 "보도 규정상 소스를 밝힐 수 없다"는 반응을 보이기도 했다.

이런 경우에는 어쩔 수 없이 중국 업체의 도움을 받아야 한다. 사장은 부장에게 인터넷 홍보를 하는 중국 업체를 찾아 보도의 소스와 경위를 알아보라고 지시했다. 역시 이런 일은 중국인이 해야 하는 것이라고 생각하면서. 그날 오후에 그 업체가 알려온 내용은 다음과 같았다.

"최초 보도자는 지방에 있는 조그만 인터넷 업체다. 그 인터넷 업체가 보도를 한 후 그 업체와 친한 좀 더 큰 다른 인터넷 업체가 보도 내용을 그대로 따 가서 보도했다. 이후 그 내용을 본 다른 인터넷 업체들은 그 보도에 나오는 회사가 중국에서 유명한 외국 기업이라는 점에 주목하고 너도나도 보도 내용을 따 가기 시작했다. 그러는 과정에서 내용이 첨가되고 각 업체의 의견도 추가됐다. '외국 업체가 중국 땅에 들어와 소비자 우롱', '중국 정부는 이런 업체를 제재하지 않고 무얼 하는가?', '중국 소비자들은 이 회사의 제품에 대해 불매 운동을 벌여야 한다' 등의 제목으로 보도가 퍼져 나갔다. 보도가 수십 개 인터넷 업체로 퍼지니 그것을 본 중앙의 제법 지명도 있는 인터넷 업체들도 뒤질세라 보도에 나섰다."

첫 보도의 경위는 다음과 같았다.

"한 소비자가 A사의 제품을 판매하는 대리점을 찾아가 자신이 구매한 제품에 하자가 있다면서 교환 또는 보상을 해달라고 요구했다. 그 대리점은 그 소비자가 귀찮았다. 게다가 그 대리점은 A사가 직영하는 곳이 아니라 A사와의 계약에 의해 A사의 제품을 판매하는 곳이었고, 그래서 그 제품의 하자에 대해 보상해 줄 의무가 없다고 생각했다. 중국은 아직 애프터서비스가 한국에 비해 많이 뒤떨어져 있다. 그 대리점에서 쫓겨난 소비자는 조그만 지방 라디오 방송(중국에는 수천 개의 지방 라디오 채널이 있다)의 불만사항 제보 프로그램 담당자에게 전화를 걸어 문제의 제품과 그것을 생산한 회사를 비난했다. 라디오에서 그 내용을 들은 한 인터넷 업체가 인터넷으로 그 회사의 이름을 쳐 넣고 검색하다가 몇 년 전에 그 회사의 제품을 쓴 차량에서 사고가 한 건 난 적이 있음을 알아냈다. 그 인터넷 업체는 그 사고가 난 해와 날짜는 밝히지도 않고 그저 'A사의 제품을 쓴 차량이 이러저러한 사유로 폭발했다'고만 쓴 글을 자사 사이트에 올려놓았다."

이 사건은 시간이 지날수록 내용의 진실 여부와는 무관한 방향으로 흘러갔다. 이번에는 중앙(베이징)에 있는 질량중심과 소비자고발센터 등에서 전화를 걸어와 사실 여부를 확인하고 보고서를 제출하라고 요구했다. 게다가 이런 사실 자체도 인터넷에 보도되기 시작했다. "A사 제품이 품질 문제로 질량중심으로부터 조사를 받고 있다"는 식으로. 그러자 A사 제품을 구매하는 카메이커와 대리점들이 또다시 해명을 요구해왔다. 이런 것을 두고 갈수록 태산이라던가?

A사는 우선 인터넷 업체 중 가장 유명한 곳을 찾아가 보도된 내용은 사실이 아니니 인터넷 사이트에서 보도된 것을 삭제해줄 것을 요청했다. 그 인터넷 업체는 기막힌 답변을 늘어놨다.

"사실 여부에 대해서는 우리는 모른다. 상관하고 싶지도 않다. 보도된 것을 삭제하려면 제일 먼저 인터넷에 올린 업체가 공식적으로 인터넷 상에 잘못된 것이었음을 밝혀야 한다. 그래야 우리도 그것을 삭제할 수 있다. 그러나 그 전에 우리 인터넷 사이트의 전면에서 뒷면으로, 즉 사람들의 눈에 잘 안 띄는 곳으로 그것을 옮겨줄 수는 있다. 우리가 그렇게 해주기 위해서는 합작이 필요하다. 합작이란 인터넷 광고를 의미한다. 당신네가 200만 런민비(人民幣, 3억 5천여만 원)의 홍보비용을 지출해서 몇 달에 걸쳐 우리 사이트에 홍보를 하는 것이 조건이다."

또 다른 인터넷 업체는 다음과 같이 답변했다.

"보도된 것을 인터넷에서 내릴 수는 없다. 그것을 맨 처음 인터넷에 올린 최초 게시자가 내리고 인터넷상에 정식으로 내렸음을 공지해야만 우리도 내려주겠다. 그러나 당신네의 반론은 우리 사이트에 올려줄 수 있다. 그러나 그렇게 해주려면 합작이 필요하다. 비용은 100만 런민비(1억 7천여만 원) 정도다."

칼만 안 들었지 강도나 다를 바 없었다. 이런 종류의 인터넷 업체들은 A사를 비난한 글과 같은 게시물이 눈에 띄면 '돈벌이 찬스가 왔다'고 생각하는 것 같다. 너도나도 즉시 그런 글을 뒤따라 게재하여 그물망을 펴놓고 그 회사가 거기에 걸려들기를 기다리는 것이다. 진실 여부에는 관심이 없다. 아니면 말고 식이다.

A사는 결국 맨 처음 인터넷에 글을 올린 인터넷 업체를 찾아갈 수밖에 없었다. 그런데 2명 정도가 운영하는 그 작은 인터넷 업체 또한 가관이었다. 우선은 A사의 요구를 한마디로 거절했다. "내릴 수 없다. 우리의 명예에 관한 문제다. 사실이 아닌 것을 보도한 것도 아니다. 다소 과장됐을지는 모르지만, 언론의 속성이 그런 것 아니냐." 자기네도 언론기관이란 얘기였다. 그러나 그 다음 순간에는 은근히 돈을 요구했다. 돈을 준다면 적절한 조치를 취할 수 있다는 뜻을 내비치는 것이었다. "언젠가 어떤 업체도 비슷한 처지였는데 그 업체는 우리와 합작관계를 맺었고, 그 뒤로는 서로 친하게 되어 상부상조하게 됐다"는 등으로.

그러나 이런 일을 당했을 때 돈으로만 문제를 해결하려고 했다가는 뒷감당을 할 수 없게 된다. 어느 한 인터넷 업체와 문제를 합작으로 해결했다는 소문이 돌면 너도나도 합작하자고 덤벼들게 된다. 그리고 이런 일은 한 번 문제를 해결했다고 그것으로 끝이 아니라 오히려 더 큰 문제의 시작이 될 수도 있다. 2천 개가 넘는 중국 내 인터넷 업체가 모두 다 달려든다고 생각해 보라. 어지간한 재벌도 당해낼 도리가 없을 것이다.

그러면 어떻게 해야 하는가? A사의 한국인 회장(董事長: 둥스장)은 여러 중국 회사와 한국의 대형 회사를 찾아다니며 자문을 구했다. 알고 보니 많은 한국 대형 회사들이 똑같은 일을 이미 겪은 터라 나름대로 노하우를 가지고 있었다.

결국 A사는 본격적인 대응에 나섰다. 우선 맨 처음 보도를 한 지방의 조그만 인터넷 업체는 힘으로 누르기로 했다. 그래서 그 지방의 중국인 인맥(關係:

관시)을 동원하여 이렇게 통보했다. "보도된 것을 삭제하고 사과하거나 잘못된 보도였음을 인터넷 사이트 상에 공시하지 않으면 가만있지 않겠다. 너희 업체는 문을 닫게 될 것이고, 너희들은 감옥에 가게 될 것이다." 그쪽에서 압력을 느낄 만큼 힘이 있는 기관장에게 사실과 경위를 충분히 설명한 후 그렇게 압력을 행사해달라고 부탁했다. 그런 다음에 그 인터넷 업체를 찾아갔다. 그럼에도 단칼에 요구대로 그들이 움직이게 하지는 못했다. 여러 번의 협상 끝에 인터넷 사이트상의 조치가 아닌 문서상의 편지로 그 보도는 잘못된 것이었음을 시인 받았다.

그 다음에는 인터넷 업체 가운데 가장 지명도가 높은 곳을 찾아가 그 편지를 보여주고 협상을 시도했다. 결국 보도된 것을 인터넷에서 완전히 내리지는 못했지만, 일반인들이 A사 사건 이름을 직접 타이핑해야만 화면에 나타나서 볼 수 있을 뿐 그렇게 하지 않으면 볼 수 없도록 눈에 안 띄는 곳으로 옮기게 할 수 있었다. 그 인터넷 업체에는 약 30만 런민비(5천여만 원)를 주고 A사의 광고를 내보내되 인터넷 사이트가 아니라 자회사가 발간하는 잡지 등에 내보내도록 했다. 이는 돈을 주고 무마한 사실을 다른 인터넷 업체들이 알지 못하게 하기 위한 것이었다.

마지막으로 '홍보대행사' 몇 군데에 인터넷 상의 보도를 감시하는 일을 맡겼다. 자문료 명목으로 연간 20만~30만 런민비의 돈을 주고 그들로 하여금 상하이와 베이징 등에서 인터넷을 상시 점검하게 한 것이다. 이 홍보대행사들은 A사가 홍보를 맡긴 기존의 홍보대행사와 성격이 달랐다. 일종의 특수목적 홍보대행사라고나 할까. 이들은 매일 인터넷을 점검하여 A사의 이름이 인터넷 업체의 사이트에 뜨는 순간 곧바로 그 업체와 접촉하여 문제의 게시물을 삭제하거나 눈에 띄지 않게 가리도록 협상함으로써 게시된 내용이 인터넷에 널리 번지는 것을 막아주는 역할을 했다.

A사는 회사 내부에도 이와 비슷한 역할을 하는 과(課) 단위의 부서를 만들었다. 그 과 직원들의 임무는 매일 인터넷을 검색하는 것이었다. 그러다가 무언가 A사에 관한 내용이 인터넷에 뜨면 그 즉시 대책반을 가동하고 특수목적 홍보 대행사와 연락을 취하여 문제를 해결하는 것이었다. 달리 어쩔 수가 없었다. 중국이 스스로 그런 행태를 정화할 때까지 당분간 중국에서는 이런 식으로 대응하지 않으면 '인터넷 깡패'의 횡포에 당하지 않을 수 없다. 아직은 그들이 공인된 깡패나 마찬가지이기 때문이다.

덧붙여 말하자면, 인터넷이 아닌 오프라인에서도 비슷한 일이 자주 일어난다. 이름도 없는 잡지를 발행하는 업체에서 근거도 없는 비난의 글을 게재하고는 합작을 요구하는 경우가 흔하다. A사의 경우는 카 메이커나 부품 대리상들이 자동차와 부품 업계의 정보를 얻기 위해 정기구독하는 잡지를 발행하는 업체들로부터 비슷한 요구를 종종 받는다. 오프라인에서도 해결책은 인터넷의 경우와 유사하다.

시사점

중국에서는 언론이 아직 자유롭지 못하다. 검열과 통제가 있다. 신문을 읽다보면 누구나 금방 언론 통제를 느낄 수 있다. 그러나 중국인의 의사표현이 점점 더 자유로워지고 여러 가지 욕구가 분출되면서 기존 언론에 대한 불만이 커졌다. 그래서 특히 젊은 사람들을 중심으로 중국인들 사이에 인터넷이 급속하게 저변을 확대하면서 영향력을 무섭게 키워가고 있다. 중국 정부는 인터넷도 통제하고 있지만, 완전하게 통제하기란 쉽지 않은 것 같다. 중국의 젊은 층은 인터넷으로

뉴스를 접하고, 인터넷을 통해 서로 교류하며, 인터넷을 가지고 논다.

　비즈니스맨의 입장에서는 무서운 속도로 영향력을 키워가고 있는 인터넷을 통해 비즈니스의 확대를 꾀할 수 있다. 특히 인터넷을 홍보에 적극적으로 이용하기 위해 노력하고 있다. 그 틈을 타고 인터넷 업체들이 '언론 깡패'가 되어가는 것이 중국 인터넷의 또 다른 단면이다.

　자동차에는 주요 부품만 2천 개 이상 들어가며, 자동차 생산업체는 타이어에서부터 휠과 엔진에 이르기까지 대부분의 부품을 외부에서 조달해 쓴다. 그래서 자기 회사 안에서 관리하는 재고 부품의 품질만이 아니라 아직 납품되지 않은 외부 업체의 부품 제품의 품질에도 민감하다. 외부 납품업체가 품질 문제로 제소되거나 공격을 받으면 자사의 자동차 생산이나 품질에 그 영향이 미칠까봐 전전긍긍하게 된다. 중국에 진출한 자동차 업체가 특히 현지의 '인터넷 깡패'를 예민하게 경계하는 이유가 바로 여기에 있다.

키포인트

첫째, 중국에서 A사의 사건과 같은 일을 당하면, 아무리 작은 인터넷 업체의 글이라도 무시하지 말고 즉시 찾아가 협상을 하여 그 파장이 번지는 것을 막아야 한다. 일이 일어난 직후의 하루나 이틀이 아주 중요하다. 초기에 잘못 대응하면 호미로 막을 것을 가래로 막아야 하는 처지가 된다. 진실 여부는 별도의 문제로 나중에 따져도 된다.

　둘째, 규모가 어느 정도 되는 회사라면 중국에 진출할 때 현지 마케팅 부서 안에 인터넷 전담 팀을 반드시 두어야 한다. 신문이나 TV를 통해서는 표출되지 않는 여러 가지 소비자 불만이 인터넷을 통해 표출되는 경향이 갈수록 강해지고 있기 때문이다. 중국에서도 젊은 층이 가장 선호하는 매체는 인터넷이다.

셋째, 유사한 업종에 속하는 한국 업체들은 서로 교류를 하면서 억울한 일을 당하는 것을 방지할 대책을 공동으로 강구할 필요가 있다. 시장에서는 서로 경쟁하더라도 외국 회사라고 해서, 특히 시장 지배력이 커지는 외국 회사라고 해서 소비자 불만의 타깃이 되는 것은 서로 협력해 막아야 한다. 최소한 억울한 피해는 당하지 말아야 하지 않겠는가.

넷째, 인터넷 깡패의 횡포로 인한 피해가 계약형 대리상 등 유통을 위해 관계를 맺고 있는 대리상들에게까지 영향을 미칠 수 있다는 데 유의해야 한다. 그렇게 되면 공동의 피해가 초래된다는 점을 대리상들에게 주지시켜, 소비자의 불만 제기가 있을 경우에 대리상 자신은 대응하지 않더라도 그런 사실이 있었음을 전화로라도 회사에 알리게 하여 일이 커지는 것을 막아야 한다.

02 창고에 보관한 물건이 없어지다니

B사는 한국의 유명한 종합상사와 상하이 시 산하 투자위원회에 소속된 회사가 합작해 설립한 회사다. 지분구성을 보면 한국측 지분이 49%, 중국측 지분이 51%다. 그러나 한국 종합상사 회장이 강력히 주장하여 B사 사장(總經理: 쭝징리)은 한국 종합상사가 파견한 한국인 임원이 맡게 됐다. 그리고 부사장(副總經理: 푸쭝징리) 이하 고급 임원(經理: 징리)까지, 한국 직급으로는 부장급까지는 양측이 동수로 운영하며, 부장 이하 직원은 현지인, 즉 중국인으로 구성하기로 했다. 이 회사는 2013년 현재까지도 잘 운영되고 있다.

MX라는 제품이 있다. MX는 Mixed Xylene(혼합자일렌)의 약자다. 이것은 폴리에스터 원료인 PX(Para-xylene, 파라자일렌)라는 제품과 가소제 원료인 PA(무수프탈산)의 원료가 되는 OX(Ortho-xylene)라는 제품을 분리하는 데 사용되는 화학제품이다. B사의 사건 당시 이 제품은 한국에서 중국으로 많이 수출되는 품목이었다.

B사의 모(母)회사인 한국 종합상사는 이 MX의 판매를 B사에 의뢰하는 일이 많았다. 한국 종합상사가 요청한 판매가격과 중국 내 시장가격이 맞지 않을 때에는 자회사인 B사가 이 제품을 임시로 구매하여 중국의 창고에 보관하곤 했다. 이는 우선 창고료 등 보관비용이 한국보다 중국에서 더 적게 들기 때문에 중국에서 보관하는 것이 경제적인 이득이 되기 때문이었다.

그러나 또 다른 이유도 있었다. 이런 제품의 무역과 판매에서는 금융을 이용하는 능력과 시장정보를 신속하게 얻는 능력이 매우 중요하다. B사의 임시구매는 모회사로 하여금 대금을 일찍 받아 제조사에 지불할 수 있게 해주었고, 그 덕분에 모회사는 금융부담을 덜 수 있었다. 그리고 자회사인 중국 B사는 자체 신용으로 은행을 통해 모회사에 대해 6개월 만기 지급신용장(Usance L/C)을 열어서 6개월 동안 자금을 융통할 수 있었다. 다시 말해 6개월 동안 은행에 이자만 지불하다가 6개월이 지나면 원금을 지불하면 됐다. 이렇게 해서 B사는 모회사도 돕고, 시장 시세가 올랐을 때 제품을 판매할 수 있다는 점에서도 이득을 얻을 수 있었다. 단 6개월 내내 시장 시세가 오르지 않을 경우에는 한국의 모회사와 공동 판매를 한 뒤에 손해난 부분에서부터 은행 이자에 이르기까지 모든 손실을 모회사가 보전해주는 조건이었다. 따라서 B사로서는 자사가 가지고 있는 수출입 기능만을 이용하여 큰 부담 없이 진행할 수 있는 사업이었던 것이다.

B사는 170만 달러어치의 제품을 모회사로부터 구매하여 상하이에서 차량으로 약 2시간 거리에 있는 항구도시 장자강(張家港)의 보세창고에 자사 명의로 보관하고 있었다. 장자강 항구는 화학제품을 주로 취급하는 곳이었고, 장자강이라는 도시에는 화학제품을 전문으로 보관하는 탱크가 많이 있었다.

어느 날 퇴근 무렵이었다. 퇴근하려는 한국인 사장(總經理; 쭝징리)의 눈에 중국의 경찰 격인 공안(公安, 궁안)이 사무실 안에서 왔다 갔다 하는 모습이 보였다. 부장급 중국인 직원은 어쩔 줄 몰라 하는 모습이 역력했다. 퇴근하다 말고 다시 사장실로 돌아가서 무슨 일인지 보고하라는 지시를 내렸다. 조금 있다가 중국인 직원이 팩스 한 장을 들고 들어왔다. 그 직원은 말까지 더듬으며 팩스를 내밀고 "사장님, 이런 팩스 보낸 적 있습니까?"라고 물었다. 그 팩스는 한국인 사장이 보낸 것이 아니었다. 한국인 사장의 사인이 있었지만, 그건 위조된 것이었다. 팩스의 내용은 170만 달러에 달하는 MX를 출고해달라는 요청서였다.

원래 보관품을 출고할 때는 이렇게 팩스로 받은 간단한 출고증으로 하지 않는다. 출고증에 정식 공장(公章, 궁장: 한국의 법인 인감도장 같은 것)이 찍혀 있어야 한다. 팩스로 급하게 보내야 할 경우도 있긴 하지만 그런 경우에는 전화 등으로 상호 확인하는 절차 정도는 진행하는 것이 일반적이다. 중국인 직원이 가져온 출고증은 가짜였다.

"일단 현장에 가보겠다. 직접 가서 창고를 확인해보고 나서 대책을 협의하자."

늦은 시간이었지만 한국인 사장은 직원들을 데리고 즉시 현장으로 달려갔다. 현장에 도착한 한국인 사장은 그야말로 아연실색할 수밖에 없었다. 이미 많은 양의 제품이 가짜 출고증에 의해 도난당한 뒤였다. 창고에 물건을 보관한 회사는 모두 9개사였는데, B사를 제외한 8개사가 도난 후 남아있는 제품에 압류 딱지를 붙여놓았다. 한국과 중국의 합작회사인 B사가 가장 늦게 현장에 도착한 것이었다.

액체 화학제품인 MX는 고체 제품과 달라 여러 군데에서 보관을 의뢰하면 섞어서 보관하기 때문에 보관을 의뢰한 회사별로 제품이 명확히 구분되지 않는다. 하나의 탱크에 여러 회사의 제품을 같이 보관하는 것이 일반적이다. B사의 제품도 다른 한 중국 회사의 제품과 같은 탱크에 보관되어 있었다. 게다가 그 탱크에 보관된 제품 전체의 절반가량이 도난당한 상태였다. 그 탱크에도 이미 압류 딱지가 붙어 있었다. 불행 중 다행인 것은 두 회사 중 어느 회사 제품인지는 불명확해도 그 탱크에 보관됐던 제품 중 절반 정도는 남아 있는 것이었다. 늦게나마 현장에 달려간 것이 그나마 다행이었다.

B사는 다음날 아침 즉시 변호사를 수배하여 남아있는 물건에 대한 압류를 시도했다. 그런데 이게 웬일인가? 장자강 지방법원에서 압류를 받아줄 수 없다고 잘라 말했다. "이 문제는 해사법원 관할이니 거기에 가서 압류를 신청하라"는 것이었다. 해사법원은 바다에서 운송 도중 발생한 사건이나 바다에 면한 보세창고 등에서 발생한 사건을 다루는 법원이다.

창고 현장에 다시 가서 확인해보니 거기에 이미 붙어 있는 압류 딱지는 장자강 지방법원이 발급한 것이 분명했다. 그래서 다시 장자강 지방법원에 찾아가서 항의하니 "처음에는 우리 관할인 줄 알고 잘못 발급해주었지만 이제는 우리 관할이 아닌 것을 알게 된 뒤이니 더 이상 발급해줄 수 없다"는 창구직원의 답변이 돌아왔다. 이미 압류 허가를 내준 회사들에 대해서는 그렇게 한 것이 잘못임을 뒤늦게 알았지만 어쩔 수 없으니 그대로 인정한다는 것이었다. B사의 한국인 사장의 입장에서는 그야말로 말도 안 되는 답변이었다.

외국 회사를 차별적으로 대하는 태도가 분명했다. 사고를 당한 8개사 가운데 B사만 합작회사이고 나머지 7개사는 모두 중국의 로컬 회사였다. 그러다 보니 법원이 B사를 외국 회사로 취급한 게 분명했다.

해사법원은 창저우(常州)라는 곳에 있다. 할 수 없이 창저우로 가서 압류 허가를 받기 위한 절차를 밟기 시작했다. 그런데 시작부터가 난관이었다. 해사법원 관할인지 장자강 지방법원 관할인지가 모호하니 우선 해사법원 관할인지 여부를 명확히 판단할 수 있도록 서류를 다시 만들어 가지고 와서 압류 신청을 하라는 것이었다. 다른 7개사가 이미 압류를 한 사건이라고 말해주었지만, 해사법원에서 압류 허가를 받아간 곳은 한 곳도 없다는 답변이 돌아왔다.

한국인 사장은 어떻게 해야 할지 난감했다. 생각을 가다듬고 그 다음으로 찾아 간 곳은 상하이 주재 한국 총영사관이었다. 장자강은 쑤저우(蘇州) 시에 소속된 도시이고, 쑤저우는 상하이 총영사관의 관할에 속하기 때문이었다. B사로부터 전후 사정에 관한 이야기를 다 들은 상하이 총영사관은 적극 협조해주었다. 우선 상하이 총영사관 명의로 공문을 작성해 쑤저우 시 외사과(외국 회사나 외국인 문제를 관할하는 부서)로 보냈다. 그 내용은 "한중 합작회사인 B사가 억울한 일을 당하고 있는데 B사를 중국 회사와 공평하게 대해줄 것"을 요청하고 "상하이 주재 대한민국 총영사관이 이 일을 주시하고 있다"는 것이었다.

그 효과는 바로 나타났다. 장자강 법원에서 연락이 왔다. 압류 허가를 내줄 테니 빨리 신청하라는 것이었다. 이리하여 압류를 마치고 나서 그 다음 절차를 밟고자 했다. 그런데 창고에 가서 압류 작업을 마치고 나오던 도중에 희한한 광경을 목격했다. B사의 MX를 보관하고 있는 탱크는 아니었지만 엄연히 압류 딱지가 붙어있는 그 옆 탱크에 어떤 사람들이 탱크로리 차량을 대놓고 액체 화학제품을 빼내고 있는 광경이었다.

"저 사람들은 누구인가? 어떻게 압류된 제품을 뽑아 갈 수 있는가?"

"그 옆을 보세요."

그 옆을 보니 기관총인 듯한 무기를 옆구리에 낀 사람이 주위를 감시하는 가운데 그 사람들이 멋대로 물건을 빼내고 있었다. 근처에 공안의 패트롤카(patrol car)도 한 대 있었지만, 그 사람들의 행위를 제재하지 않고 있었다.

"기관총을 든 저 사람은 누구인가?"

"우징(武警: 무장경찰)이잖아요."

"우징은 누구인가? 우징은 치외법권인가?"

"우징은 우쫭징차(武裝警察)의 줄임말인데, 무소불위의 권력을 가진 또 하나의 권력기관입니다."

"그렇다고 해서 법 위에 군림하는 것은 아니지 않겠는가?"

"이론적으로는 그렇지요. 그러나 저 사람들은 자기들 마음대로 합니다."

어쨌든 그들의 행위는 B사의 제품과는 무관한지라 B사 사장은 고개를 갸웃거리면서도 그 자리를 떴다. 그러면서 생각했다. '자, 이제부터 어떻게 할 것인가? 어렵게나마 압류는 했지만 물건을 되찾는 일은 또 다른 문제다.' 물건을 되찾을 수 있을지 여부와 되찾는다 해도 시간이 얼마나 걸릴지, 다른 7개사도 모두 압류를 해놓은 상태에서 물건을 얼마나 되찾을 수 있을지를 알 수 없었다.

B사 사장은 다음날부터 합작 파트너인 중방(中方) 측과 일요일도 없이 연일 대책회의를 열었다. 해결책은 아무래도 중국을 속속들이 잘 아는 중방 측이 제시해줘야 할 것이라고 생각했다. 그런데 대책회의를 하다 보니 물건을 되찾는 것 이상으로 중요한 게 중방 측을 안심시키는 것이라는 사실을 깨달았다. 즉 한방(韓方) 측과 합작한 중방 측의 실무자들이 갖고 있는 '책임에 대한 두려움'을 가라앉히는 일이 필요했다. 중방 측이 합작회사에 파견한 그 실무자들로서는 물건을 되찾는 것보다 자기들이 책임에서 벗어나는 것이 더 급한 문제였다. 이 문제를 해결해주기 전에는 중방 측 실무자들로 하여금 열심히 뛰게 하기가 어렵다는 것을 깨닫는 데는 그리 많은 시간이 걸리지 않았다. 어차피 이 문제로 합작을 깰 생각이 아니라면 그들의 협조를 얻어야 했다. B사 경영진은 중방 측을 관할하는 상하이 시 투자위원회를 찾아가 다음과 같이 말했다.

"이 문제에 대한 책임은 한방 측에 더 많이 있는 것 같다. 세 가지 문제가 있었다. 당장 팔 물건이 아닌데 창고에 보관한 것이 첫째 문제요, 물건의 보관 상태를 수시로 체크하는 일은 영업을 맡은 한방 측이 해야 하는데 한방 실무자가 이런 일을 게을리 한 것이 둘째 문제다. 그리고 마지막으로 셋째 문제는 창고가 먼 곳에 있었다는 것이다. 누군가가 창고에 가서 사기를 치고 도둑질을 하려는 것을 200여 킬로미터나 떨어진 곳에서 어떻게 막을 수 있겠는가. 파견된 중방 측 관리자들은 최선을 다한 것 같다. 물건을 도둑질한 자들은 이미 해외로 도망가 잠적한 것으로 안다. 물건 값은 포괄보험을 들어 놓은 것이 있으니 그것으로 보험금 지급을 청구하고, 일부는 창고에 대해 손해배상 청구를 해서 보충하겠다."

대충 이런 요지로 파트너 회사를 설득했다. 이번 사건에 대한 책임을 중방 측에 묻지 않겠다는 취지였다. 그제야 중방 측은 아주 고마워하면서 문제해결에 적극 나서는 태도를 보여주었다. 이 일을 계기로 한방 측에 대한 중방 측의 신뢰가 더욱 두터워졌고, 그 효과로 이후 여러 가지 사안에서 중방 측의 도움을 많이 받을 수 있게 됐다.

B사는 그 당시 무엇보다 빠른 문제해결 방법은 보험금을 지급받는 것이라고 판단했다. B사는 충분한 금액의 포괄보험에 가입한 상태였다. 포괄보험은 소유 재산에 대해 포괄적으로 화재, 도난 등에 대비하여 드는 보험이며, 재산보험의 일종이다. B사는 자사의 재산인 물건을 도난당했으니 보험사에 신청하면 쉽게 보험금을 지급해줄 줄 알았다. 그러나 이 역시 중국을 잘 모르고 한 생각이었다.

해당 보험사는 중국 보험시장의 절반 이상을 점유하고 있는 인민보험공사였다. 이 회사는 국영기업이다. 인민보험공사 상하이 분소를 찾아갔다. 그런데 면담 첫날부터 벽에 부딪혔다. 보험사 직원은 보험약관의 뒤쪽에 깨알 같이 씌어있는 조항을 짚어 보였다. 그러고는 이렇게 말했다. "이 사건은 내부에 가담자가 있어서 바깥의 도둑과 짜고 벌인 일로 추정된다. '사기에 의한 도난' 에 해당하는 경우에는 보험금을 지급하지 않아도 된다는 약관 조항에 의거해 보험금을 지급하지 않겠다." 기가 막히는 일이었다.

한국에서도 그렇지만, 중국에서 보험에 들 때 깨알 같은 글자로 씌어진 약관을 일일이 다 읽어보는 경우는 거의 없다. 더구나 읽기 어려운 중국말로 씌어진 약관이라면 더욱 그렇다. 설혹 일일이 다 읽어보고 '사기에 의한 도난' 에 관한 조항이 있음을 알았다고 해도 그것 때문에 보험에 들지 않았을 리는 없다. 아무튼 인민보험공사 측과 지루한 협상이 계속됐다.

"정 이런 식으로 납득할 수 없는 설명만 하고 보험금을 지급하지 않겠다면 소송으로 갈 수밖에 없지 않겠는가?" 어느 날 참다못한 한방 측이 이렇게 얘기하자 인민보험공사의 실무자들이 바로 "그럽시다"라고 반응했다. "재판으로 해결하겠다면 우리 팀과는 더 만날 필요가 없으니 이제부터는 우리 회사(인민보험공사 상하이 분소)의 법무실을 접촉하시는 것이 좋겠소."

인민보험공사 상하이 최고 책임자와의 면담이 어렵게 성사됐다. 그러나 그 책임자라는 친구는 애초부터 이 문제에 별로 관심이 없는 듯했다. 그는 면담에 무게를 두지 않는 태도로 다소 거만하게 굴었다. 만나자고 해서 만나주기는 했지만 자기네 입장은 이미 정해져 있고, '규정에 따라' 한 푼도 지불할 수 없으며, 재판으로 가려면 가자는 것이 그의 일관된 입장이었다. B사 사장은 최후의 카드를 꺼내야 했다.

"물론 최후까지 합의에 이르지 못하면 재판으로 갈 수밖에 없다. 그렇게 되면, 그와 동시에 나는 이번 사례를 중국에 진출해 있는 한국 기업들에는 물론 한국 내 신문들에도 자세히 알릴 것이다. 현재 중국에 진출해 있거나 추후 중국에 진출할 모든 한국 기업들에게 경종을 울리기 위해서다. 인민보험공사의 부당한 처사를 모두가 알게 하겠다. 또한 한국기업연합회, 한국 총영사관, 한중우호협회 등에도 자료를 배포하여, 보험료를 몇 년간 착실히 납입한 기업이 사고를 당해 보험금 지급을 청구해도 이런저런 이유를 대며 보험금을 주지 않는다고 인민보험공사를 비난하겠다. 중국에 진출하는 한국 기업의 수는 앞으로 훨씬 더 많아질 텐데, 인민보험공사가 한국 기업들을 고객으로 유치하기 어렵게 만들겠다. 그리고 우리는 몇 년이 걸려도 반드시 보험금을 타낼 것이다. 우리는 재판 도중에 중방 측과 결코 합의하지 않을 것이다. 1심에서 지면 2심으로 가고, 2심에서도 지면 베이징 중앙재판소에 재심을 요구할 것이다.

　인민보험공사는 중국 전역에서 50% 이상의 시장점유율을 확보하고 있는 보험회사다. 우리가 요구하는 금액은 인민보험공사의 이익이나 매출에 비하면 매우 적어 사실상 없는 금액이나 마찬가지다. 그러나 인민보험공사가 명성을 잃는다면 한국 기업들에 대해서는 인민보험공사의 미래 가치를 모두 잃는 것이다. 지금도 대부분의 한국 기업들은 인민보험공사가 정당하게 일처리를 하는 최고의 보험회사라고 생각하고 있다. 한국 기업들이 갖고 있는 인민보험공사의 이런 이미지에 손상을 입히려고 하는가? 나는 중국에 진출해 있는 한국 최고의 회사인 S사의 대표도 잘 알고, H사의 대표도 잘 알고, 철강회사인 P사의 대표도 잘 안다. 한국기업연합회, 한인회, 한국 총영사 등과도 정기적인 미팅을 갖는다. 그런 자리에서 우리는 어떻게 하면 중국에서 비즈니스를 잘 할 수 있는지에 대해 수시로 의논한다. 자, 어떻게 하겠는가? 아직도 재판으로 가기를 원하는가?”

　그제야 상대의 표정이 달라졌다. 무엇보다 한국 대기업들, 한인회, 총영사관 등의 이름을 들먹인 게 효과가 있는 것 같았다. 특히 한국 대기업들도 인민보험공사의 보험에 들어있다는 점이 신경 쓰이는 눈치였다. 인민보험공사의 명성과 이미지를 놓고 싸우겠다는 말에 상대의 태도가 달라졌다.

결국 이 문제는 인민보험공사가 약 100만 달러를 지급해주는 것으로 합의를 보았다. 지급액을 그 이상으로 올리기는 어려웠다. 물건 값 중 나머지에 해당하는 손해액은 창고회사에 보상을 청구하는 것으로 처리했다. 그런데 이후 그 창고회사는 파산했다. 그러니 어쩔 수 없었다. 창고회사가 파산 절차에 따라 파산한 후 재산을 매각한 뒤에야 손해액 비율대로 보상금을 지급받는 것으로 결론이 났다. B사는 인민보험공사로부터 100만 달러의 보험금을 지급받는 대신에 분실된 MX에 대한 구상권을 인민보험공사에 넘겼다. 그래도 남은 손실분에 대한 구상권은 B사가 창고회사에 대해 갖고 있었다. 하지만 파산과 재산처분에 시간이 많이 걸리는 데다가 손해액 비율로 배분이 이루어지게 됐으니 절반도 건지기 어려우리라 짐작됐다. 그 외에는 달리 방법이 없었다. 그러나 그만해도 다행이었다. 그 후 몇 년이 지나도 파산 절차가 끝났다는 이야기를 듣지 못했다. '진행 중'이라는 말만 들려왔다.

시사점

이 사건의 발단은 가짜 출고 요청서였다. 중국에서는 가짜가 그야말로 생활의 일부다. 먹고 마시는 것에서부터 시작하여 각종 수출품과 내수제품, 공사 문서에 이르기까지 모든 부문에 걸쳐 가짜가 진짜와 같이 존재한다. 이런 사실을 잊지 말아야 한다.

또한 중국인들은 책임을 지기를 두려워한다는 점도 알아야 한다. 원래 B사는 설립 당시부터 정관에 의해 영업은 한국 측, 관리는 중국 측이 나눠 맡기로 돼 있었다. 한국인 사장 밑에는 관리를 맡은 중국인 부사장이 있었다. 따라서 이 사건에 대해서는 관리를 맡은 중방 측에 상당 부분 책임이 있음은 어린아이라도 알 수 있는 일이다. 그러나 그렇다고 해서 책임을 따지기만 해서는 안 된다. 특히 '너희 중방 측의 책임이 크다'는 태도를 보였다가는 사건의 해결은 고사하고 그 전에 분란부터 일어나 더 시끄러워지기만 하기가 일쑤다. 이는 중국인과의 합작에서 주의해야 할 점 중 하나다. 합작사업이 잘될 때에는 아무런 문제가 없는 일에서도 뭔가가 잘못되면 중국인의 태도가 돌변한다. 이런 경우에 대한 법률적 준비(문서나 계약서)나 정신적 준비가 안 돼있는 한국 측이 당황해하거나 상당한 어려움을 겪는 경우를 나는 많이 보아왔다.

중국인의 책임회피는 원초적인 것이다. 중국은 역사적으로 고대 이래 책임을 인정하는 것은 곧 죽음을 의미하는 사회였다. 게다가 근대에 중국인의 삶에 가장 큰 영향을 끼친 문화혁명의 기억이 남아있다. 중국인에게 책임을 인정하지 않는 것은 살아남기 위한 처세술의 하나이자 본능과 같은 것이다. B사의 사건에서 중방 측이 걱정한 것은 사건 그 자체보다 자기들을 파견한 상하이 시에서 사건의 책임이 누구에게 있다고 보느냐였다. 책임 소재는 자기들의 생존이 걸린 문제이기 때문이었다.

또 하나 주목해야 할 것이 있다. 중국에 진출한 한국 기업 중 상당수가 대사관과 총영사관의 영향력을 잘 모르거나 과소평가한다. 비단 중국에서만이 아니라 외국에서는 우리나라 대사관과 총영사관의 영향력이 대단히 크다. 대사관과 총영사관은 대한민국을 대표하는 기관이다. 대사관과 총영사관이 보내는 공문은 대한민국이 보내는 것이나 다름없다. 필요한 경우에는 대사관이나 총영사관의 도움을 받는 것을 주저하지 말라.

중국에서는 아직 법보다 주먹이 앞선다는 점에도 유념해야 한다. 압류된 상품에 대해서 무장경찰을 이용하여 막무가내식 인출을 시도한 사건에 대해 B사의 변호사는 이렇게 말한 적이 있다. "나중에 재판이 끝나면 그 결과에 따라 압류된 상품이 환수되는 것이 원칙이지만, 실제로 그때까지 시간이 얼마나 걸릴지 알 수 없다. 압류된 상품은 이미 다른 곳으로 팔려 갔거나 가공되어 다시 상품화됐을 텐데, 그때 그런 상품이 어떻게 될지는 아무도 모릅니다. 돈으로 환산하여 물어낼지, 그렇게 물어낼 경우 가격은 어떻게 정해질지, 그들이 처벌을 받을지 등은 미리 알 수 없습니다. 중국 업체들에게 중요한 것은 자기들이 잃어버린 물건을 되찾는 것입니다. 그런데 압류되어 있던 물건을 확보했으니 나머지 다른 문제들은 나중에 해결하면 된다는 생각이겠지요." 무장경찰은 테러나 폭력에 대응하기 위한 경찰인데, 중국에서는 그 자체가 막강한 힘을 가진 거대한 권력 조직이다. 중국은 사회주의 국가이며, 아직도 법보다 주먹이, 그것도 국가의 주먹이 앞서는 경우가 많음을 외국인인 우리는 알아야 한다.

재판으로 가는 것이 능사가 아니라는 점에도 주의해야 한다. 중국의 보험회사 내부를 들여다보면, 보험금을 지불하게 되는 경우 해당 보험을 취급했던 실무자는 평점이 깎인다. 이유야 어떻든 간에 내부 규정에 의해 그렇게 된다. 평점이 깎인 실무자는 연말 보너스를 삭감당할 수 있다. 사건이 법무실로 넘어가게 되면 평점을 깎일 위험은 일단 피할 수 있다.

그런데 재판이라는 것은 길게는 1~2년도 걸린다. 보험회사 입장에서는 그런 재판에 이겨서 보험금을 주지 않게 되면 그것으로 좋은 일이고, 설혹 재판에 져서 보험금을 지불하게 된다 해도 그것은 1~2년 뒤의 일이다. 그러나 대부분의 경우 재판 도중에 지쳐버린 원고가 보험회사와 합의를 하게 되거나 재판장의 종용에 따라 합의에 이르는 경우가 많다고 한다. 이렇게 합의를 하게 되는 것도 시간이 많이 지난 다음의 일이다. 중국에서는 재판장도 보험회사 직원과 마찬가지로 합의를 얼마나 많이 유도하는가가 본인의 업무성적과 관계된다고 한다. 그래서 많은 경우 재판장이 합의를 종용한다.

보험회사로부터 보험금을 더 많이 받아내기 위해 소송을 거는 것은 위와 같은 여러 가지 이유에서 유리하지 않다. 겁을 주기 위해서라도 "소송을 제기하겠다"는 말은 하지 않는 것이 좋다. 그것은 오히려 상대가 기다리는 말이다. 그런 말을 하는 것은 상대의 전술에 말려드는 것이라고 볼 수 있다.

키포인트

첫째, 합작사업을 하는 경우에는 마지막으로 결별의 수순을 밟을 때가 아니면 가급적 중국 측에 "책임을 지라"는 말은 하지 않는 것이 좋다. '책임'은 아마도 중국 사람들이 가장 듣기 싫어하는 단어일 것이다. 중국인은 역사적 경험으로 인해 '책임은 죽음이나 멸망으로 연결된다'는 의식을 갖고 있다. 자기에게 책임이 돌아오면 일단은 부인하고 보는 것이 살아남는 길이라는 처세술이 중국인의 뇌리에 자리 잡고 있는 것 같다. 섣불리 책임이라는 단어를 꺼냈다가는 적을 앞에 두고 분란에 휘말릴 가능성이 있다.

둘째, 중국 주재 한국 대사관이나 총영사관은 대한민국을 대표하는 기관이다. 중국 정부도, 중국 사기업도 만만하게 보지 못한다. 중국에서 사업을 하다가 억울한 일을 당한 경우나 자신의 정당한 권리를 주장하려고 할 때에는 대사관이나 총영사관에 도움을 청하라. 한국 기업의 애로사항을 전담하는 상무부 등의 조직이 어느 총영사관에나 있다. 나는 우리나라의 한 전직 대통령과 성함이 똑같은 상하이 총영사관 소속 상무관의 도움을 받은 적이 있는데, 지금도 그에게 감사하는 마음을 가지고 있다. 총영사관이 보낸 공문 한 장이 문제 해결에 결정적인 계기가 될 수 있다.

셋째, 중국에서 기업을 경영할 때에는 철저하게 현장 위주로 해야 한다. 사무실에 앉아만 있어서는 현장에서 무슨 일이 일어나고 있는지 알 수 없다. 중국에서는 눈앞에 뻔히 보면서도 당하고, 가짜에 속기 십상이며, B사와 같이 창고에 맡겨둔 물건마저 도둑맞는다. 그런 중국에서 현장을 직접 챙기지 않고 중국인 직원들의 말만 듣고 기업을 경영하는 것은 망하는 지름길이다.

03

소송에는 이겼는데 강제집행이 안 되네!

한국의 C사는 상하이에서 자동차로 약 한 시간 거리의 중국 지방도시 자싱(嘉興)에 있는 회사에 섬유제품 보관용 구조물을 수출하게 됐다. 그 바이어(Buyer)는 국제무역을 한 경험이 많지 않았다. 그래서인지 대금을 달러화가 아닌 런민비(人民幣, 중국 화폐)로 지급하겠다고 했다. C사는 해당 제품을 그 바이어에게 수출하면 이익이 많이 남을 뿐 아니라 그 밖의 여러 가지 이유도 있어 그렇게 하기로 했다.

하지만 런민비로 대금을 받는 것도 불만이었고, 지방 소도시에 있는 바이어와 거래한다는 점도 뭔가 모르게 불안한 구석이 있었다. 그래서 C사는 앞에서 소개한 B사에 커미션을 지불하고 대행수출을 하게 됐다. B사는 자싱에 있는 바이어와의 판매계약서와 C사와의 구매계약서 둘 다에 '본 거래는 C사와 중국 회사 간의 거래이며 본 거래에서 발생하는 모든 문제는 C사와 중국 회사가 직접 해결한다'고 못 박았다. B사는 형식상으로만 물건을 한국의 C사로부터 구매한 뒤 자신의 바이어에게 판매하기로 한 것이었다. 즉 B사가 한국과 중국 두 나라 회사 사이에서 거래를 대행하는 식이었다.

C사는 정식 제품을 공급하기 전에 샘플(Sample)을 만들어 바이어의 승인을 얻었다. 그런 다음에 정식 제품을 약속된 기간 안에 전량 공급했다. B사는 바이어로부터 대금을 런민비로 수령한 뒤 커미션을 제외하고 나머지 전액을 은행을 통해 C사에 전달했다. 첫 번째 제품 공급을 마친 지 한 달 뒤에 자신의 바이어가 같은 조건으로 추가공급 주문을 해와 C사도 역시 같은 방법으로 두 번째 공급을 마쳤다.

그런데 그로부터 약 4달 뒤에 문제가 발생했다. 자싱에 있는 중국 회사가 B사에 클레임이 제기했다. 그 내용은 두 차례에 걸쳐 공급받은 물건 전량이 불량품이니 대금 전액의 50%에 해당하는 금액을 이자까지 붙여 반환하라는 것이었다. B사는 중국 회사에 계약대로 C사와 직접 문제를 해결하라고 통보했다. 그러나 중국 회사는 C사와는 연락이 되지 않으니 C사의 수출을 대행한 B사가 청구 금액을 지불해야 한다고 주장했다.

B사는 즉시 C사에 연락을 취해보았으나 닿지 않았다. 한국에서 생긴 무슨 다른 이유로 문을 닫은 상태인 것 같았다. 아무튼 B사는 중국 회사의 주장은 말도 안 되는 소리라고 일축했다. 계약서에도 분명히 적혀 있는 대로 이 문제는 B사와 아무런 상관이 없는 일이기도 했지만, 물건을 선적하기 전에 중국 회사가 샘플 검사까지 끝냈을 뿐 아니라 물건이 바이어에게 전달된 지 4달이나 지난 시점에 품질 문제를 거론하며 보상을 요구하는 것도 이치에 맞지 않다고 항변했다.

결국 자싱의 중국 회사가 B사를 상대로 소송을 제기했다. 그와 동시에 B사의 건물입주 보증금에 대한 압류가 들어왔고, 어떻게 알았는지 B사의 주거래은행 법인구좌에 대한 동결 조치도 취해졌다. 모두 '재산보전'이라는 명목으로 진행됐다. 그러나 B사는 낙관했다. 소송을 제기한 중국 회사는 물건(섬유제품 보관용 구조물)을 이미 다 처분한 뒤였다. 물건에 하자가 있다는 주장의 근거는 물건을 처분하기 전에 찍어 놓은 사진이었다. 그것을 증거로 제시한 것은 상식적으로도 이해가 되지 않는 어이없는 일이었다. 무엇보다 B사가 믿은 것은 모든 문제를 C사와 중국 회사가 직접 해결한다는 계약서 조항이었다.

중국의 바이어가 클레임을 제기한 것은 매입한 물건을 팔아보니 중국 국내의 시장가격이 구매계약서를 작성한 당시보다 떨어져서 손해를 보았거나, 비슷한 중국 물건을 다른 곳에서 발견했는데 그것이 C사 제품보다 가격이 훨씬 저렴했기 때문으로 짐작됐다. 따라서 중국의 바이어는 이른바 '마켓 클레임(Market Claim: 시장가격 하락 등을 이유로 트집을 잡아 제기하는 클레임)'을 제기한 것이 분명했다.

그러나 내용이야 어떻든 간에 B사는 중국 자싱 법원에서 피고로서 재판을 받았고, 결국은 패소하고 말았다. 계약서가 어떻게 작성됐든 간에 대행회사에는 대행자로서의 의무와 책임이 있는데 B사는 그런 의무와 책임을 다하지 못했다는 것이었다. 그러니 중국 회사가 요구한 대로 이자까지 더해 청구액 전액을 지불하라는 게 자싱 법원의 판결이었다. B사로서는 기가 막힐 노릇이었다. B사는 즉시 상소할 수밖에 없었다. 그러나 2심 재판에서도 이기기가 어려움을 깨닫는 데는 시간이 얼마 걸리지 않았다.

2심 재판의 관할지도 중국 바이어가 소재한 도시로 되어 있다는 것이 문제였다. 거래계약 당시에는 중국에서 재판을 할 경우에 재판 관할지가 제일 중요하다는 사실을 알지 못했다. 문제가 생긴 후 다시 계약서를 확인해보니 재판의 관할지가 구매자가 소재한 곳인 '자싱'이었다. 모든 문제를 C사가 직접 해결한다고 한 데다가 모든 책임도 C사가 지기로 했으니 B사의 입장에서는 재판 관할지 문제로 일이 어렵게 되는 것을 바라지 않았으므로 재판 관할지에는 신경을 쓰지 않았던 것이다. B사는 "바이어의 요구대로 하자"는 C사의 권유를 그대로 받아들였다. 아마 C사도 재판 관할지 문제가 그렇게 중요한 것인지를 몰랐을 것 같다.

어쨌든 B사로서는 억울하지만 어쩔 수 없는 상황이었다. 그런데 어찌된 영문인지, 사건을 수임할 때 "문제없이 이길 것"이라고 큰소리쳤던 B사의 변호사는 2심 재판에서도 질 것이 뻔한데도 그렇게 초조해하지 않았다. 2심에서 지더라도 방법이 전혀 없는 것은 아니라는 얘기였다. "무슨 방법이 있느냐?"는 물음에 변호사는 "일단 상소심 결과를 지켜보자"는 말만 되풀이했다. "상소심 결과를 본 뒤에 방법이 뭔지를 알려주겠다"는 납득할 수 없는 이야기만 했다. 결국 상소심에서도 패했다.

B사는 낙담했으나 B사의 변호사는 2심 패소 이후 더 바빠졌다. 만나는 사람도 많았고, 그때까지 작성한 서류도 더 보완했다. 중국은 2심 제도를 운영하기에 2심이 최종심임을 잘 아는 B사의 한국인 사장으로서는 도무지 알 수 없는 행동을 변호사는 보여주었다.

2심 판결이 난 뒤 패소로 인해 지불하게 된 금액의 법정 지불기한도 지났고, 상대인 중국 회사가 강제집행 준비에 들어갔다. 그런데 바로 이 강제집행 단계에 B사의 변호사가 말한 '방법'이 있었다. 상대 회사가 강제집행을 하기 위해서는 B사의 소재지, 다시 말해 B사의 재산이 있는 곳을 관할하는 법원에 가서 강제집행 판결을 받아내야 했다. 상대 회사는 지불기한이 지나자 당연히 강제집행 신청을 했고, 이 신청에 대한 재판, 즉 강제집행 결정을 위한 재판의 날짜가 정해졌다.

　　B사의 한국인 사장은 이길 가망성이 전혀 없는 재판이라고 생각하면서도 변호사가 요청한 대로 재판정에 직접 출석했다. 간단한 약식재판 비슷한 재판이 진행됐고, 판사가 B사 사장에게 몇 마디 질문을 던지기도 했다. 재판이 끝난 뒤 재판정에서 나올 때 변호사가 B사 사장에게 "큰 걱정 안 해도 된다"는 아리송한 얘기를 했다.

　　며칠 후 B사의 변호사가 만면에 희색을 띄우고 나타났다. "최후의 승자는 우리입니다. 재판에 이기는 경우에 저에게 주시기로 했던 변호사 비용을 다 주셔야 합니다." B사의 한국인 사장은 중국에서 변호사를 고용하여 재판을 진행할 경우 승소하면 변호사 비용을 더 많이 지불하되 패소하면 변호사 비용을 거의 주지 않거나 아주 적은 금액만 지불하는 방식을 주로 선택했다.

　　변호사가 보여준 판결문의 내용은 '강제집행 불허' 였다. B사 소재지의 법원이 강제집행을 허락하지 않은 것이었다. B사의 변호사는 적지(상대인 중국 회사의 재판 관할지)인 자싱에서는 재판을 해봐야 이길 가망성이 없기 때문에 B사의 재판 관할지로 사건이 넘어오기를 기다린 것이었다. 이것이 중국이다. 1심과 2심을 다 이긴들 무슨 소용인가? B사가 스스로 돈을 주지 않는 한 중국 회사가 돈을 받아갈 방법이 없는 것이었다.

　　B사의 사장은 "그러면 앞으로는 어떻게 되는 겁니까?" 하고 변호사에게 물었다. 변호사는 다음과 같이 대답했다.

　　"글쎄요. 저쪽에서 처음부터 다시 시작할 수도 있겠지만 아마도 성과를 얻기 어렵다고 생각할거고, 행정소송을 할 수도 있겠지만 중국에서 행정소송을 해서 이길 가망성은 거의 없다고 봐도 될 겁니다. 이제는 내가 상대 변호사와 담판을 해야 할 것 같네요. 나한테 맡겨주세요. 저쪽에서 우리의 힘을 알았으니 칼자루는 우리가 쥔 셈입니다. 한 푼도 안 주고 끝낼 수 있을지는 장담할 수 없지만, 조금만 주겠다고 생각하신다면 문제가 의외로 쉽게 해결될 수도 있을 겁니다."

B사의 변호사는 강제집행 불허 판결을 내린 법관과 법대 동기생이라고 했다. 어쨌든 한국에서는 상상도 할 수 없는 일이지만, 이 사건도 중국에서 내가 직접 주인공이 되어 겪은 일이다. 결국 이 사건은 그동안 들어간 소송비용 조로 그리 많지 않은 금액을 중국 측에 지불하고 매듭지었다.

시사점

중국에서 사업을 하다 보면 어쩔 수 없이 소송이나 중재로 가야 하는 경우가 있다. 그러나 소송으로 분쟁을 해결해야 할 때 고려해야 할 것들이 있다.

첫째, 판결의 공정성에 문제가 있다. 법관의 자질도 문제가 되겠지만, 그보다는 법관이 사건 자체보다 자신의 인맥(관시)에 따라 다른 결론을 내는 경우가 많다. 이런 현상은 지방으로 갈수록 더 심하다. 중국의 법원은 공정성의 측면에서 구조적인 결함을 안고 있다. 법원장이 지방 인민대표대회에서 임명되고 법원의 예산도 지방 정부에 의해 결정되기 때문에 구조적으로 법원이 독립성을 가질 수 없다. 그러니 지방정부가 세운 회사나 지방정부가 관여하는 회사를 상대로 해서는 아무리 내용이 명백한 사건이라 해도 재판에서 이기기가 어렵다. 그래서 중국에서 오래 근무한 한국 사람일수록 계약서를 작성할 때 마지막 부분에 들어가는 '재판 관할지'를 중시한다. 나 역시 계약을 못 하는 한이 있어도 상대방의 지역을 재판 관할지로 한 계약서에는 사인을 하지 않았다. 또한 계약을 할 때마다 재판 관할지를 우리 공장이나 회사가 있는 지역으로 정할 것을 주장했다. 꼭 맺어야 하는 계약인데 재판 관할지 문제가 쟁점이 됐을 때에는 제3의 장소를 재판 관할지로 정하는 것까지는 어쩔 수 없다 하더라도 상대방의 회사나 공장이 있는 지방을 재판 관할지로 정하는 일은 절대로 하지 않았다. 중재의 경우도 마찬가지다. 중재를 신청하는 측의 반대편인 피신청인의 소재 지역을 중재 관할지로 하는 것은 용납했지만, 그 이상은 양보하지 않았다. 국제중재의 경우도 마찬가지다. 중재를 피신청인의 국가에서 하기를 고집하여 상대가 함부로 국제중재를 신청하지 못하도록 했다. 이렇게 하는 것은 결과적으로 중재로 가지 않고 협상에 의한 문제 해결을 도모하는 한 방법이다.

둘째, 소송에서 이긴다고 해도 집행이 어렵다. 민사소송에 이겼는데도 상대가 갚아야 할 돈을 갚지 않는다면 강제집행을 해야 한다. 그런데 강제집행을 할 수가 없다면 아무리 시간과 노력을 들여 소송에서 이긴들 무슨 소용이 있겠는가? 보통 민사소송을 진행할 때 소송 전에 재산보전 신청을 하여 상대가 재산을 빼돌리지 못하게 하는 것이 무엇보다 먼저 해야 할 일이다. 그런데 재산보전 신청을 하기 위해서는 피집행인의 재산과 은행구좌 등을 파악해야 하는데, 이 일이 외국인으로서는 여간 어렵지 않다. 요즘에는 중국에도 한국의 흥신소와 비슷한 것들이 생겨나 그런 일을 해주지만, 이는 불법이다. 외국인으로서 소송을 해야 할 경우라면 중국인 변호사를 써야 하니 그 변호사에게 웃돈을 더 주고 그런 일을 해달라고 부탁하는 것이 낫다. 소송의 상대가 아예 잠적해버리는 일도 있다. 넓디넓은 중국 땅에서 잠적한 중국인의 소재를 파악하기란 여간 어려운 일이 아니다.

셋째, 위와 같은 문제들을 모두 해결했다 해도 지방정부의 압력이나 중국인들끼리의 인맥이 강제집행을 방해할 수 있다. 법원은 강제집행 신청을 받으면 피집행인의 재산을 파악하고 조사할 권한과 의무가 있지만, 실제로는 강제집행 신청인이 직접 자료를 조사해서 제공해도 움직이지 않는 경우가 허다하다.

넷째, 재산보전 신청을 할 때에는 담보를 제공해야 하는 문제도 있다. 외국인이 중국 법원에 필요한 담보를 제공하는 것 자체가 께름칙한 것은 별도로 치고라도, 상대가 엉뚱한 트집을 잡아 반소(反訴: 반대소송)를 제기하여 일이 꼬이게 되면 담보로 제공한 것을 되찾지 못하게 될 가능성도 있다.

다섯째, 한국에서처럼 민사분쟁을 형사고발 등으로 해결하려고 하는 것은 잘못된 생각이다. 중국의 경찰인 공안은 민사분쟁이라고 생각되는 사건에 대해서는 형사입건하기를 극도로 기피한다. 그들은 민사사건과 형사사건을 철저히 구별하려고 한다. 법원도 민사재판과 형사재판을 동시에 진행해 주지 않는다. 또한 형사고발도 지방으로 갈수록 어렵다.

이 장에서 소개한 사건은 비교적 해피엔딩으로 끝났지만, 중국에서 한국 회사가 중국 회사를 상대로 한 재판에서는 일반적으로 보아 해피엔딩보다 그렇지 않은 경우가 더 많다고 나는 알고 있다.

키포인트

첫째, 계약서를 작성할 때에는 재판 관할지를 반드시 자기에게 유리한 지역으로 해야 한다. 인맥(관시)이 없다면 나중에라도 인맥을 맺을 수 있거나 주변의 도움이라도 받을 수 있는 지역을 재판 관할지로 해야 한다. 상대편에게 유리한 지역으로 해서는 안 된다. 특히 상대편의 소재지가 지방이라면 더더욱 재판 관할지를 그 지역으로 해서는 안 된다.

둘째, 중국에서 외국인이 소송이나 중재에서 이기기는 대단히 어렵다. 가능하면 조금 억울하다는 생각이 들더라도 양보하고 타협하는 것이 좋다.

셋째, 강제집행까지 고려해야 하는 경우에는 그에 맞는 변호사를 고용해야 한다. 단순히 법률적 자문을 해주고 소송대리인으로 나서줄 정도의 변호사를 고용해서는 안 된다. 인맥이 있고 힘을 쓸 수 있는 변호사를 구해야 한다. 최근에는 일을 맡기면 그런 것까지 포함해 패키지로 처리해 주는 변호사나 로펌(법률회사)이 늘어나고 있다.

넷째, 어쩔 수 없이 적지, 즉 상대편이 소재한 곳에서 소송을 해야 할 경우에는 비용이 조금 더 들더라도 전국적인 규모의 인맥을 갖고 활동하는 변호사를 써야 한다. 특히 셋째와 넷째의 경우가 복합된 사건의 경우에는 그에 맞는 적절한 변호사를 구하는 것이 대단히 중요하다.

다섯째, 중국에서 소송을 할 때에는 법적인 처리 방법과 법 외적인 처리 방법을 병행한다는 자세를 가져야 함을 잊지 말아야 한다.

04

이이제이(以夷制夷)

지극히 중국적인 재판(2심)의 또 한 가지 실제 사례를 살펴보자.

한국의 D사는 중국 북방의 C시에 공장을 짓기로 했다. 그곳은 겨울이면 기온이 영하 20도 이하까지 내려가는 등 추위가 매서운 곳이다. 그런 추위를 견딜 수 있는 설계와 건축이 필요하다. 그래서 중국에서 내로라는 건축업자를 선정해 공사를 맡겼다. 그런데 1기 공사가 끝나고 2기 공사를 위해 지반을 다지고 근처에 배수구 등을 조성하는 공사가 진행되던 도중에 세계적인 금융위기가 일어났다. 이로 인한 자금조달의 어려움으로 2기 공사가 중지된 것이 문제의 발단이었다.

공사를 맡은 중국 회사가 2600만 런민비(人民幣), 한화로 약 44억 원에 해당하는 대금 청구소송을 제기했다. 이중 약 500만 런민비, 한화로 약 8억 5천만 원 정도는 중국 회사의 입장에서 보면 요구할 수도 있는 금액이었다. 2기 기초공사를 어느 정도 한 뒤 본공사를 시작하기 전에 공사가 중지됐으니 시공업자 입장에서 D사와의 관계가 이미 끝난 상태라고 판단하고 기투입된 돈을 달라고 요구할 수 있었다. 그러나 나머지 2100만 런민비까지 달라는 것은 말도 되지 않는 사기성 자금 청구였다.

그 내용은 이랬다. 1기 공사가 진행되던 중에 추가비용 등에 대한 요청이 있었고, 이에 따라 협상을 거쳐 계약서 전부를 다시 작성하기로 했다. 애초에 작성한 계약서는 없는 것으로 하기로 합의했다. 그런데 제기된 소송의 내용은 애초 계약서와 새로 작성된 계약서는 서로 별개의 것이니 대금도 각각 별개로 지불하라는 것이었다. 다시 말해 원래 계약한 금액의 2배를 달라는 것이니, 명백한 사기성 소송이었다.

한국인 관리자는 코웃음을 쳤다. "이런 말도 안 되는 사기꾼이 있나!" D사는 2기 공사에 이미 들어간 500만 런민비도 줄 수 없다고 하며 지불하지 않았고, 이 사건 자체를 가볍게 보았다. 적지 않은 금액이 요구됐지만, 그 부당함이 너무나 분명하여 소송이 성립된 것 자체도 신기한 일이라고 생각했다. 그런 만큼 재판에서 승소하리라고 자신했다. 제 아무리 사회주의 국가이고 중국이라고 해도 법원이 이런 사기꾼의 손을 들어줄 리는 없다고 생각했다. 그런데 재판 결과 2100만 런민비를 중국 회사에 지불하라는 판결이 내려졌다. 요구된 2600만 런민비 중 500만 런민비 부분에 대해서는 중국 회사가 재판 도중에 분리하여 소송을 제기했으니, 사실상 요구된 금액 전액을 지불하라는 판결이었다.

당연히 2심으로 갔다. 2심에서는 D사가 적극적인 대응에 나섰다. 우선 태스크포스(TF)팀을 결성했다. 어차피 사건의 내용이 우선적으로 중요한 것은 아니었다. 상소를 한 뒤 먼저 상급법원(고급인민법원)의 관할 재판장과 법원장이 누구인지를 파악하는 일이 급선무였다. 그런 다음에는 그 관할 재판장과 법원장을 잘 아는 변호사를 찾아야 했다. 중국인들에게 물어보기도 하고, 재판이 진행될 T시의 외사처로부터 도움을 받기도 해서 그런 변호사를 찾아냈다.

그러나 상대도 똑같이 관할 재판장과 법원장을 잘 아는 변호사를 구할 터였고, 무엇보다 T시는 적지였다. 따라서 법원장과 재판장을 잘 아는 변호사를 고용한 것은 겨우 상대와 동등한 위치에서 시작할 수 있게 됐다는 의미에 지나지 않았다.

그런 다음, 승소를 조건으로 상당한 금액의 변호사비를 걸었다. 중국의 변호사로서는 웬만큼 큰 사건을 수임하지 않고서는 벌 수 없는 큰 금액이었다. 이는 법원장과 재판장을 잘 알고 있다는 데 안주하지 말고 최선을 다하라는 의미에서 건 것이었다.

D사의 공장은 T시의 개발구 안에 자리 잡고 있었다. 해당 개발구를 담당하는 외사과 부장을 찾아가 "T시의 개발구에 있는 D사 공장이 원활히 운영되도록 여러 모로 도와주신 당 서기에게 D사의 중국 내 최고위 경영자가 직접 인사를 여쭐 수 있도록 주선해 달라"고 부탁했다. 재판에 관해서는 일절 얘기하지 않았다. 재판 운운하며 영향력 행사를 부탁하려고 하면 당 서기가 만나주지도 않을 것이기 때문이었다.

면담이 어렵게 이루어졌다. 인사를 하겠다는데, 편한 시간에 외국 회사의 최고 책임자(領導: 링다오)가 직접 찾아와 여러 모로 도와주어 고맙다는 인사를 드리겠다는데 싫어할 사람이 있겠는가? 면담은 TV를 포함해 지역 언론에 크게 보도될 터였다. 이런 면담은 영향력이 크다. 당 서기가 나타나면 혼자 나타나는 경우가 없다. 구장, 부구장, 주임, 비서장 등 실무 부장급들을 대동하고 나타나는 것이 보통이다. 당 서기와는 덕담이나 나누면 된다.

실제로 면담에서 D사 최고위 경영자는 당 서기에게 이렇게 말했다. "여러 모로 도와주셔서 고맙습니다. 우리도 최대한 고용을 늘리고, T시 노동자들의 권익 증진을 위해 노력하겠습니다. 기회가 되면 추가로 투자할 것도 고려하고 있습니다. 모든 것이 당 서기 님의 지원 덕분입니다." TV 카메라 앞에서 열심히 당 서기를 치켜세웠다.

그러고는 맨 마지막에 작별인사를 할 때 이렇게 말했다. "도와주셔야 할 법적인 문제가 하나 있습니다. 내용은 비서장에게 전달할 테니 시간이 될 때 비서장의 보고를 한번 받아주십시오." 그러면서 준비한 편지를 당 서기가 보는 앞에서 비서장에게 건네주었다. 그 편지에는 이번 사건의 개요를 간단히 언급하고 재판이 공정하게 이루어지도록 도와달라는 내용이 적혀 있었다.

그 후 당 서기가 친필 사인을 추가하여 이 편지를 고급 법원장에게 보냈음이 변호사를 통해 확인됐다. 중국에는 행정부와 사법부 등을 망라한 관직 순위가 있다. 고급 법원장의 순위는 당 서기보다 한참 아래다. 그러니 고급 법원장은 당 서기의 편지를 무시할 수 없는 것이다.

고급 법원의 고민이 깊어진 것 같았다. 법원으로서는 현지의 중국 업체를 무시하기가 어렵다. 아마 그 업체도 여러 경로를 통해 법원에 어떤 요청이나 압력을 넣었을 것이다. 그렇다고 자기보다 순위가 한참 위인데다 한 지역의 수장인 당 서기의 요청을 무시할 수도 없는 처지였다. 이런 경우 법원이 일차로 해보는 것이 일반적으로는 합의 종용이다.

법원이 양측을 불러 합의를 종용했으나 합의가 이루어질 리 만무했다. D사로서는 사기꾼에게 얼마든 돈을 줄 의향이 없었다. 그러나 미지급금인 500만 런민비는 즉시 지급하고 추가로 100만~200만 런민비 정도는 억울해도 지급할 의향이 있음을 밝혔다. 그러나 상대가 다 잡은 고기라고 생각한 듯 2기 기초공사 비용인 500만 런민비에 더해 최소 1천만 런민비 이상을 더 요구했다.

합의가 이루어질 수 있는 사안이 아니었다. 결국은 합의가 아닌 판결로 결론이 났다. 지극히 중국적인 판결이었다. '사실인증 부족, 증거 부족'으로 원심(중급인민법원)의 판결을 취소한다는 판결이었다.

반쪽 승리였다. 승소(상대가 요구한 금액 전부나 일부를 지불하지 않아도 되는 것)도 아니었고, 그렇다고 패소(전부나 일부를 지불하는 것)도 아니었다. 겉으로 보면 우리나라의 3심제도에서 상급 법원(대법원)이 원심을 파기하고 하급 법원(고등법원)으로 사건을 돌려보낸 것과 흡사했다. 그러나 실제 의미는 달랐다. 하급 법원의 판결이 잘못되었으니 재심을 하라는 것이 아니라 재판 자체가 없던 일이 되어 처음부터 재판을 다시 해야 하는 것이었다. '중립'의 판결인 셈이었다.

D사의 입장에서는 이런 결과를 얻어낸 것만 해도 대단한 성과였다. 중국의 2심 재판에서 1심 판결이 뒤집어지는 예는 극히 드물다. 판결이 뒤집어지면 변호사와 판사들끼리 안면의 문제가 생겨나고 1심 재판을 담당한 재판장도 난처한 입장에 처하게 된다고 한다.

다시 처음부터 지루한 게임이 시작됐다. 이런 경우 사건을 다시 맡은 중급 법원 재판장은 상당히 신중한 태도를 취하게 된다. D사는 이 점을 고려해 중급 법원의 연줄을 찾았다. 그 결과 중급 법원 고위 판사의 자제가 어떤 로펌에서 변호사로 근무한다는 사실을 알게 됐다. D사는 그 로펌을 T시에 있는 공장의 컨설턴트로 위촉했다. 물론 D사는 재판에서 진실로써 명명백백하게 이겨야 한다. 그러나 진실이 잘 통하지 않는 곳이 중국이다. 이제 남은 것은 파워 게임이고, 파워 게임에서 지지 않기 위해서는 온갖 수단을 다 동원해야 한다. 시간이 얼마나 걸릴지 모른다.

시사점

최근 한국 사람이 중국에서 건물을 지을 때 엔지니어링이나 건축 등을 중국 회사에 전적으로 맡기는 경우가 적지 않다. 우선은 비용 문제 때문에 그렇게 하지만, 그 외에 허가권자나 성 정부 관리 등이 사업을 허가해주거나 기타 혜택을 주는 대가로 자기가 추천하는 중국 회사를 쓰도록 요청하기 때문이기도 하다. 이런 경우 향후를 생각하면 요청을 거절하기가 쉽지 않다. 그러나 이는 냉정하게 다시 생각해볼 문제다.

우리말 속담에 '싼 게 비지떡' 이라는 말이 있다. 이 말을 되새겨야 한다. 중국 사람이나 중국 회사가 전적인 책임을 가지고 진행하는 설계나 건축이 완공 때까지 문제 없이 진행되는 경우는 드물다. 그럴 정도로 문제가 많이 생긴다. 공기가 늦어지는 것은 말할 것도 없고, 원자재를 구하기 어렵게 되는 경우도 있으며, 전반적인 물가상승이나 자재비, 인건비 등의 상승을 이유로 추가비용 지불을 요구하는 경우도 다반사다.

물론 계약서는 있다. 공기 지연, 추가비용 요구 등을 하지 못한다고 계약서에 적시하기도 한다. 계약대로 이행하지 않으면 손해배상을 청구할 수도 있다. 그러나 공기가 늦어진다고, 비용을 더 지불해 달라 한다고 공사를 중지하고 소송으로 문제를 해결하겠는가? 울며 겨자 먹기로 재협상에 들어가는 경우를 나는 많이 보았다.

많은 경우에 어렵게 완공했다고 해도 얼마 안 가 하자가 발견된다. 지붕이 새어 물이 떨어지기도 하고, 바닥이 꺼지기도 하고, 벽이 갈라지기도 한다. 값싼 원자재를 쓰고 부실공사를 하다보니 그렇게 되는 것이다. 계약서에 하자보수 규정이 있으면 하자보수를 청구할 수 있다. 그러나 하자보수 기간에 감수해야 하는 생산차질은 어떻게 할 것이며, 하자보수를 거절하거나 계약과 관계없이 추가 비용 지불을 요구할 때마다 건건이 소송으로 갈 수는 없는 것 아닌가? 1~2년 하고 그만둘 사업이 아니라면 비용이 좀 더 들더라도 한국에서 설계와 건축을 맡을 사람을 데려오거나, 현지에 진출해 있는 한국 회사나 일본 회사를 이용하는 게 낫다.

나도 나중에 해당 계약서를 다시 세밀하게 살펴보고서야 알게 된 사항이지만, 이 장에서 소개된 사건의 경우 중국을 몰라도 너무 몰랐던 한국 회사 측의 실수가 여러 가지 있었다.

첫째 실수는 두 번째 계약서를 작성하면서 첫 번째 계약서 원본을 다 회수하지 않은 것이었다. 아마도 한국에서 재계약을 하는 경우의 관례대로 한 탓일 것이다. 재계약 때 원래 계약서 원본의 처리 문제를 너무 가볍게 본 것이다.

둘째 실수는 계약서상 '소송으로 갈 경우 피고 측 주소지 관할 법원에서 소송을 진행한다'는 규정에서 '피고' 대신 '원고'로 잘못 쓴 것을 그대로 놔둔 것이었다. 이는 담당 부장의 실수였다. 원래 이 규정은 재판 관할지에 대한 합의가 안 될 경우에 대비한 것이었다. 즉 문제가 생겨도 가능하면 소송으로 가지 않고 원만하게 해결하되, 어쩔 수 없이 소송으로 갈 경우에는 승소가 확실해 보이는데 관할지에 대한 합의가 안 되는 상황에 대비하기 위한 것이었다. 그런데 이 규정을 넣으라는 지시를 받은 부장이 한 단어를 오기하여 넣었다. 결국 이 규정은 한 단어의 오기로 인해 무용지물이 된 셈이었다.

중국 회사는 이게 웬 떡이냐 했을지도 모르겠다. 아마도 D사는 직원들의 중국말 실력이 모자라 외부 통역을 썼거나 계약서의 중요성을 깨닫지 못하고 하위 직원에게 계약 관련 일을 맡겼던 것 같다. 그렇지 않고서는 계약서에 관할지가 잘못 쓰인 것을 소송이 시작될 때까지도 모를 수가 없다. 원고, 즉 중국 회사의 재판 관할지가 베이징 시 부근의 T시라는 사실은 설상가상이었다. 베이징과 그 주변은 다른 어느 지역보다 인맥의 힘이 강하다. 그러니 중국 회사는 회심의 미소를 지었을 것이다.

D사는 눈을 멀쩡하게 뜬 채 한국 돈으로 35억 원 정도를 날릴 뻔했다. 작은 회사에게 35억 원이라면 공장을 통째로 넘겨줘야 할지도 모를 큰돈이다. 공장을 짓고 가동하기 시작하여 생산성을 올리기도 전에 몇 년간 힘들여 일해야 벌 수 있는 큰돈을 다 토해낼 뻔했다.

키포인트

첫째, 중국에서 근무하는 한국인 직원은 중국말을 알아야 한다. 중국말을 모른다고 자질이 떨어지는 것은 아니겠지만, 다른 나라들과 달리 중국에 근무할 한국인 직원은 최소한의 중국어 교육은 시켜서 보내야 한다. 중국에 보낼 직원에 대해서는 사전 발령예고제 등을 통해 적어도 3~6개월간 중국의 언어와 문화에 관한 교육을 시키고, 부족한 점은 현지근무 초기에 계속해서 교육시킬 필요가 있다. 이렇게 한다면 직원의 언어능력 부족으로 인해 회사가 엄청난 손해를 입는 일을 막을 수 있지 않을까. 나는 이런 생각을 여러 번 했다. 중국어는 다른 언어들에 비해 읽기도 까다롭고 다양한 의미로 해석되는 글자와 단어가 많아 충분한 학습과정을 거쳐야 한다. 중국어로 작성된 계약서를 읽고 이해할 줄 아는 능력은 반드시 갖춰야 한다.

둘째, 중국 회사를 믿으면 안 된다. 중국 회사와의 계약서는 전적으로 믿기가 어렵고, 중국 사람은 더 더욱 믿기 어렵다. 요즘 중국의 어느 지방에 가도 한국 회사가 있다. 중국인만 할 수 있는 일도 적지 않지만, 찾아보면 중국의 구석구

석에서 한국인이 일을 하고 있다. 한국인이 합작, 합자를 통해 여러 가지 비즈니스를 하고 있으며, 그 중에는 변칙적인 방법으로 그렇게 하기도 한다. 한국인이 가라오케를 운영하는 경우도 쉽게 볼 수 있다. 그런데 상당히 많은 한국인이 중국인을 앞세워서 일을 진행하다가 낭패를 본다. 건축, 설계, 엔지니어링과 같은 중요한 일은 가능하면 한국인에게 맡기는 게 좋다.

셋째, 앞장에서도 강조했지만, 소송할 때 관할지는 자기가 있는 지역이 되도록 해야 한다. 중국의 재판에서는 법정에서 유리한 위치에 서기 위해 증거를 수집하고 자료를 작성하는 노력 이상으로 영향력 있는 인맥을 찾는 노력도 중요하다는 점을 잊지 말아야 한다. 중국에서 유능한 변호사라고 하면 증거 수집과 자료 작성만 잘하는 게 아니라 강한 인맥을 갖고 있어 정계, 재계, 법조계 등에 언제든 도움을 요청할 수도 있는 변호사를 가리킨다. 그런 변호사를 찾아야 한다. 중국의 로펌 중에서 어느 곳이 가장 큰 전국적 인맥을 갖고 있는지는 알아보면 금방 알 수 있다. 인맥이 강한 변호사를 쓰려면 변호사비가 더 들 수 있다. 그러나 돈을 아끼려고 하다가 호미로 막을 수 있는 것을 가래로도 막지 못하게 되는 우를 범하지 말아야 한다.

05

깡패와의 거래

GI라는 제품이 있다. 이는 Galvanized Sheet Iron의 약자로서 한국말로는 '아연도 강판'이라고 한다. 이는 강판에 아연을 코팅한 것으로 함석판이나 연통 등을 만드는 데 쓴다.

E사는 상하이 시 부근에서 자그마한 철강 가공 공장을 운영하는 한국 회사다. GI를 가공하여 중국 회사에 판매하는 것이 주업이다. E사가 공장을 운영하는 데서 가장 큰 문제는 원료 확보다. 원료 값의 등락이 심할 뿐 아니라 안정적인 원료 공급처를 확보하는 것도 쉽지 않기 때문이다.

E사는 원료를 경우에 따라 한국에서 수입하기도 하고, 중국 회사로부터 구입하기도 했다. 그런데 중국 회사는 원료를 공급해주기로 해놓고는 약속된 시간 안에 공급하지 않거나 못하는 경우가 많아 골치를 아프게 했다. 한국은 중국과 가까운 곳이긴 하지만 한국에서 원료를 가져다 쓰는 것도 수입 절차를 밟아야

하니 쉬운 일만은 아니었다.

E사가 믿을 만한 공급처를 찾던 중에 한 중국인 직원이 인터넷에서 좋은 공급처가 될 것 같은 중국 회사를 발견했다고 말했다. GI의 시장가격이 한창 오르고 있는 상황에서 시장가격보다 5% 이상 저렴한 가격에 GI를 공급하겠다니 눈길이 갈 수밖에 없었다. 게다가 그 중국 회사는 30%의 P-Bond(Performance Bond, 계약이행보증금; 일종의 계약금으로 계약을 실행하지 않을 경우 몰수할 수 있다)까지 걸겠다고 했다. 이는 매력적인 조건이었다.

그 중국 회사 사람들을 직접 만나 서로 조건을 비교하며 상담을 해보니 이상하리만치 원활하게 상담이 진행됐다. 그 중국 회사는 실제로 30만 달러의 P-Bond를 걸었다. E사가 100만 달러어치의 GI를 구매하는 데 대해 그 중국 회사가 그중 30%를 보증금으로 맡긴 것이었다. 중국 회사로서 이 정도로 P-Bond를 쉽게 걸 수 있다면 대단한 회사라고 E사는 생각했다. E사는 이번 거래가 문제없이 잘 마무리되면 그 중국 회사를 장기 거래처로 삼겠다는 생각까지 갖고서 거래를 시작했다.

계약을 맺은 후에 GI의 값이 계속 급등했다. E사는 다소 불안한 감이 없지 않았지만, 중국 회사가 P-Bond까지 걸어놓은 마당인데 무슨 일이야 있겠나 했다. 그런데 약속된 공급일이 다가오자 중국 회사는 공급 기일을 2주 정도 늦춰달라고 요청했다. 그 2주가 거의 다 지나자 다시 2주를 늦춰달라고 하여 총 한 달 반이나 공급이 지연되게 됐다. E사는 더 기다릴 수가 없었다. 원료가 확보되지 않은 상황에서 자칫 차질이 발생하면 제품을 공급할 수 없는 처지가 될 수도 있었다. 또한 원료 확보 시점을 놓치면 나중에 더 비싼 값으로 원료를 구매해야 할지도 몰랐다. E사는 중국 회사에 P-Bond에서 계약금을 가져가겠다고 정식으로 통보하고 그 절차를 밟아나갔다.

그러던 어느 날 중국 회사의 대표가 찾아왔다. 그는 다음과 같이 말했다.

"GI 원료 값이 너무 올라서 도저히 공급을 하지 못할 처지요. 그래서 계약을 취소하고 계약금을 돌려받으려고 왔소."

이에 E사 사장은 정색을 하고 다음과 같이 답변했다.

"계약금은 계약에 따라 한 푼도 돌려줄 수 없소. 지금 원자재 값이 당신네와 계약할 당시에 비해 30% 가까이 오른 상태요. 계약금도 당신네가 원료를 공급하지 못하게 되면 우리가 다른 곳에서 비싼 값으로라도 급하게 구할 수 있기 위해서 걸라고 한 것이오. 우리로서는 당신네가 맡긴 계약금을 다 보태야 겨우 당신네와 계약할 당시 우리가 주려고 한 금액으로 같은 물량 정도를 구할 수 있소. 뿐만 아니라 당신네가 '2주일 더', 또 '2주일 더' 하며 공급일을 늦추는 바람에 우리가 입게 된 눈에 보이지 않는 손해가 이만저만이 아니오. 그러니 계약금을 돌려달라는 소리는 아예 하지 않는 것이 좋겠소."

이어 다음과 같은 대화가 오갔다.

"외국인이라서 아직 중국을 잘 모르는 모양이오. 중국에서 계약대로 물건을 공급하지 못했다고 해서 계약금을 몰수당했다는 이야기는 들어보지 못했소. 그러니 좋게 이야기할 때 계약금을 돌려주고 좋은 인연을 지키면서 거래를 끝냅시다."

"이보시오. 계약은 법인과 법인이 궁장(公章: 법인 인감)을 찍고 하는 공적인 행위요. 내가 아무리 대표라지만 내 마음대로 할 수 있는 것도 아니오. 무슨 장난도 아니고, 밑도 끝도 없이 계약금을 돌려주고 거래를 끝내자니……. 아무리 중국을 잘 모르는 외국인이라지만 그럴 수는 없소. 우리는 예정대로 계약금을 몰수하겠소."

"좋은 이야기로 끝내려고 했더니 안되겠구만요."

"……."

E사 사장이 다음날 아침에 출근해서 보니 비서가 사장 방 입구에 앉아있지 않고 정문 앞 프론트 데스크에 안내양과 같이 앉아 있었다. 비서는 겁에 질린 표정으로 "웬 사람들이 막무가내로 사장 방에 들어가 앉아서 사장님을 기다리고 있습니다"하고 말했다. 행색으로 보아 안 좋은 사람들 같다는 말도 덧붙였다.

방에 들어가 보니 과연 키도 크고 몸무게도 100킬로는 됨직한 사람들이 앉아서 나를 기다리고 있었다.

"누구시고, 무슨 일이죠 ?"

"우리 사장이 귀하를 만나 30만 달러를 받아 오라고 해서 왔소. 언제 줄 거요?"

"이보시오, 어제 왔던 사람이 당신네 사장인 모양인데, 그거라면 이미 다 끝난 이야기요. 또 더 할 이야기가 있다고 해도 처음 보는 당신네들과 할 이야기가 아니니, 이만 돌아가 주시오. 조금 있으면 외부 사람들도 찾아오고, 나는 여기서 결재서류를 처리해야 하오."

"그래요? 그렇다면 방 밖에서 당신이 돈을 줄 때까지 기다리겠소. 당신은 사장인 만큼 예의를 지켜주는 것인 줄 아시오."

그러고는 사장실 문 밖의 바닥에 주저앉아 '주패(主牌)' 라는 카드를 펼치고 장기전에 돌입한다는 뜻을 내비쳤다. 우리나라 사람들은 화투를 즐겨 치지만 중국 사람들은 주패를 즐겨 친다. 그런 그들의 모습을 본 E사 사장은 총무부장을 불러서 "당장 공안에 연락하여 쫓아내도록 하라"고 지시했다.

얼마 뒤 공안이 와서 무어라 떠드는 소리가 나더니 그들이 회사 바깥으로 나갔다. 그런데 그들은 그 길로 떠나는 것이 아니었다. 그들은 회사 문 밖에 있는 엘리베이터 앞에 다시 자리를 펴고 앉아 본격적으로 카드놀이를 하기 시작했다.

지나가면서 보니 연신 줄담배까지 피워가며 카드놀이를 하고 돈까지 오고가는 것으로 보아 한두 시간 안에 파할 양태가 아니었다. 사장은 다시 총무부장을 불러 공안을 부르라고 지시했다.

"이 이상은 공안도 어쩌지 못합니다. 저들이 우리 회사 안도 아니고 바깥에서 저러고 있을 뿐 아니라 사람들에게 아무런 위해도 가하지 않으니 어쩔 수 없습니다."

"무슨 소릴 하고 있는 거요? 물리적인 위해만 위해요? 사람들에게 혐오감을 주고, 끊임없이 뿜어대는 담배연기로 엘리베이터 앞이 뿌옇고, 회사를 찾아오는 사람들이나 회사 바깥으로 나가는 사람들이 겁을 먹는데, 이런 것은 위해가 아니요? 오히려 더 큰 위해인 거요. 저들의 하는 모양을 보고 사람들이 비즈니스를 위해 우리 회사를 방문하려고 하겠소?"

"저들의 행동은 바로 그런 걸 노리고 하는 것입니다. 솔직히 말하면, 공안도 뒤가 두려워서 더 이상 관여하려고 하지를 않습니다. 저런 친구들에 대해서는 형식적으로만 조치를 취하고 맙니다. 실제로 위해가 가해지지 않는 이상은 우리가 아무리 애원해도 공안은 움직이지 않을 겁니다. 공안이 그러한데 일반 사람들이야 말할 것도 없고요. 이미 건물관리소에도 이야기했고, 직접 거기에 갔다 오기도 했습니다만, 거기서도 제발 자체적으로 알아서 처리해 달라는 말만 하지 관여하려고는 하지 않습니다."

"……."

더 할 말이 없었다. 총무부장은 사장이 물어보지도 않은 것들까지 덧붙여 말했다. 공안이 오지 않으려고 한다면 총무부에서라도 알아서 저들을 건물 바깥으로 내보내라고 사장이 지시할까봐 겁을 먹은 게 분명했다.

어쨌든 좀 더 지켜보기로 했다. 중국 사람들의 무도한 행동에 불편하고 짜

중스러웠지만 저들인들 더 이상 어찌하랴 하는 심정으로 사태를 방관하고 지켜보았다. 3~4일이 더 지나갔다. 매일 같은 행동을 하던 그들이 갑자기 보이지 않았다. 어찌된 일인가 하는 마음을 가지고 있으니 하루가 어떻게 지나갔는지 모르게 지나갔다.

그런데 그때부터 또 다른 일이 시작됐다. 퇴근할 때 차고에서 차를 몰고 나가는데 어떤 사람들이 차를 가로막고 서서 더 이상 차가 나가지 못하게 했다. 운전기사에게 영문을 물었다.

"웬 사람들인가? 클랙슨을 울려 비키게 하든지, 자네가 내려서 비키라고 말하든지 해야지."

"그 사람들입니다."

"뭐라고?"

"회사 앞에서 주패를 하던 그 사람들입니다."

운전기사가 겁먹은 목소리로 말했다. 그러고는 클랙슨을 울릴 생각도, 차에서 내릴 생각도 하지 않고 그냥 가만히 앉아 있기만 했다. 중국인 직원들 모두가 그들에 대해 상당히 겁을 먹고 있다고 했다. 운전기사는 평소에는 교통신호를 위반하고도 겁먹지 않고 경찰에게 오히려 큰소리를 치며 대들던 친구였는데, 이번에는 전혀 그렇지 않았다. 사장은 차에서 내려 택시를 잡아타고 퇴근할 수밖에 없었다.

다음날 그 중국인 사장이라는 사람이 다시 나타났다.

"진쭝(金總: 김 씨 성을 가진 쭝징리를 부르는 호칭)! 어제까지 우리 애들이 맛보기는 보여드렸지요? 좀 놀라셨겠지만, 진쭝이 외국인이고 나이도 있는데다 점잖은 분 같아서 우리도 점잖게 대해드렸습니다. 그래도 돈을 주지 않으시겠다면, 이제부터는 우리도 점잖지만은 않을 겁니다. 진쭝의 부인이 화요일과 목요

일에는 아침 10시경에 충칭난루(重慶南路: 상하이에 있는 거리의 이름)에 있는
톈주탕(天主堂: 천주교 성당)에 가시더군요. 구베이(古北: 한국인들이 밀집해 거
주하는 상하이 내 지역 중 한 곳)에도 자주 가시고요. 부인도 상하이에서 편안하
게 지내셔야 되지 않겠습니까? 우리가 사람들을 괴롭히는 방법에는 10단계 정도
가 있습니다. 이제 겨우 2단계를 지난 정도입니다. 3~4단계에서는 차조심도 해
야 하고 길조심도 해야 할 겁니다. 우리도 중국인도 아닌 외국인에게 이런 짓 하
기가 싫어요. 그렇지만 생돈을 떼이게 생겼는데 무슨 짓을 못 하겠어요? 잘 생각
해보세요. 2~3일 더 기다려드릴 테니, 그 안에 연락하세요. 2~3일이 지나도 연
락이 안 오면 그때는 애들에게 3단계에 들어가라고 지시할 겁니다.”

　　그러고는 돌아갔다. 그날 한국인 사장은 평소 관계를 맺고 있던 공안과 상
하이 시의 사람들을 두루 만나 의논했다. 그런데 그들의 답은 다 비슷했다.

　　“애초에 만나지 말았어야 할 사람들을 만난 것 같군요. 중국 사람들끼리였
다면 벌써 폭력이 발생했을지도 모릅니다. 당신이 외국인이니 그 사람들도 부담
을 좀 느껴서 그나마 아직은 그 정도에 그친 것 같습니다. 이번에는 진쭝이 양보
하셔야 될 겁니다. 그 사람들은 공안 부장이 나서도 말리기 쉽지 않을 겁니다. 그
들은 아주 지능적인 놈들 같은데, 그런 놈들이 사업가 명함을 들고 인터넷 등을
통해 비즈니스랍시고 하면서 투기적인 사업에 끼어드는 경우가 많습니다. 이번
경우에는 GI의 가격이 워낙 급하게 움직이니까 서류상으로 물건을 팔아 놓거나
사 놓아서 시간을 벌고 기다리다가 요행히 자기들 뜻대로 가격이 움직여주면 이
문을 남기고, 뜻대로 안 되면 저런 식으로 나옵니다. 설사 이번 일이 잘 진행돼
서, 즉 GI의 가격이 떨어져서 저 사람들이 물건을 공급할 수 있게 되었다고 해도,
이번에는 조용히 넘어가겠지만 다음에는 언제든 자기들의 본성대로 또 다시 저
런 행동을 하고 나설 수 있습니다. 그러니 이번에 좋은 공부 했다고 치는 게 어떨

까요?"

어쩔 수 없는 일이었다. 한국에서도 살다 보면 어쩔 수 없는 일을 만나기 마련인데 하물며 중국에서야 더 말해 뭐하랴 하는 심정으로, 그리고 수업료 치고는 좀 많은 돈을 낸다는(비싸게 GI 원료를 구매한다는) 생각으로 그 중국인 사장이란 친구, 말하자면 깡패 두목을 불렀다.

"나는 외국인이지만 중국에서 비즈니스를 하기 위해 꽤 많은 인맥(관시)을 만들어 가지고 있소. 그 인맥 중에는 이름만 대면 당신도 금방 알 수 있는 공안의 높은 분도 있소. 그러나 지금 내가 그 인맥을 이용해 당신들과 다투는 것은 어리석은 일이라고 생각했소. 그러니 계약금으로 받은 돈을 대부분 돌려주겠소. 그러나 나도 내 직원들 앞에서 지켜야 할 체면이 있지 않겠소. 또 당신들도 알다시피 지금 나는 워낙 손해가 크니 당신들이 건 계약금 중 일부 금액은 내가 취할 수 있도록 해 주시오."

다시 얼마간 밀고 당기는 실랑이가 있은 후 E사 사장은 5만 달러만 남기고 나머지는 다 돌려주기로 했다. 중국인 사장은 큰 선심이나 쓰는 듯 "운 좋은 줄 아시오"라는 뒷말을 남기고 돌아갔다.

시 사 점

첫째, 거래할 상대 회사에 대해 사전조사를 철저히 해야 한다. 이 사건에서는 인터넷에서 찾은 거래 상대방에 대한 사전조사가 소홀했다. 100만 달러어치나 되는 다량의 원자재를 구매하는 경우라면 최소한 상대 회사를 직접 방문해보고, 다른 방향에서도 그 회사에 대해 사전조사를 하는 것이 필요했다. P-Bond, 즉 계약금을 건다고 하니 너무 믿어버린 것이 실수였다.

중국에서는 한국인으로서는 이와 같이 확실하다고 생각되는 일도 다른 방향에서 확인하고 조사해보는 과정을 밟아야 한다. '회사를 한번 구경해보고 싶어서', '차 한 잔 대접받고 싶어서', '지나가는 길이어서' 등의 이유를 대며 상대 회사를 방문해보는 것만으로도 그 회사를 파악하는 데 상당한 도움이 된다. 상대 회사를 직접 방문해보면 그 회사가 활발하게 일을 하고 있는지 아닌지 정도는 느낌만으로도 알 수 있다. 대표가 회장(董事長: 둥스장), 총재(總裁: 쭝차이) 등의 직함을 적어 넣은 명함을 들고 다니는 회사라도 실제 그 회사를 방문해보면 형편없는 곳도 많다. 근무자 수는 많은데 빈들빈들 노는 사람이 대부분인 회사도 있고, 일하는 냄새도 안 나는 회사도 있고, 아예 직원이 1~2명밖에 없는 회사도 있다. 중국에서 장사를 하려면 '현장 방문'과 더불어 '거래상대 회사 사전 방문'은 필수다.

둘째, 중국에도 법으로 안 되는 것이 있다. 아니, 자세히 알아보면 그런 것이 한국보다 더 많을지도 모른다. 그런 면에서는 한국에 비해 훨씬 적은 금액으로도 폭력이 행사될 수 있고, 또 폭력배가 동원될 수도 있다. 실제 술집에서 적은 금액의 술값 다툼에서도 폭력이 발생하여 한국인 피해자가 몇 주나 병원에 입원하게 된 경우를 본 적이 있고, 한국인이 중국인을 깔보는 듯한 태도를 보였다가 큰 낭패를 당한 경우도 적잖이 보았다. 중국에서는 괜한 만용을 부렸다가 피해를 입는 일이 없도록 해야 한다.

키포인트

첫째, 가격이나 기타 거래조건이 일반적인 경우보다 월등하게 좋다면 한번은 의심해봐야 한다. 중국에도 인터넷 시장, 경매 시장, 매체 등이 발달돼 있고, 누구나 더 나은 조건으로 거래를 하려는 경쟁이 치열하다. 이런 가운데 느닷없이 구매가격이 싸거나 거래조건이 좋은 제안이 들어오면 한번 정도는 의심해보고 나서 거래를 시작하는 지혜가 필요하다.

둘째, 외국에서는 아무래도 그 나라 사람들보다 현지 실정에 어둡게 마련이다. 또한 어떻게 하는 것이 가장 좋은 것인지 판단하기가 쉽지 않고, 외국인이 경험해 보지 않은 일이 발생할 수 있다. 이런 경우, 즉 어려운 상황에 처하게 됐을 때 그 나라의 실정을 자세히 알려줄 만한 현지인 몇 명 정도는 알고 있어야 한다.

06

가장 어려울 때 가장 아픈 곳을 찔린다

F사는 지린(吉林)성에 중국 측과 합자 형태로 회사(공장)를 설립하고 제품을 생산하여 중국 내수시장에 판매할 목적으로 합자사업을 시작했다. F사의 제품은 콘크리트 종류로 건축이나 도로건설 등의 신규 수요가 많은 동북3성을 겨냥한 것이었다. 현지 성 정부들로부터도 시장개척에 적극적으로 협력해주겠다는 확약을 얻은 바 있다. 그에 따른 성 정부들의 도움을 실제로 받기 위해서는 중국 측 파트너 회사의 로비 능력이 절대적으로 필요하다고 보고 합자 형태로 진출하기로 했다.

그런데 자금과 기술이 충분한 F사로서는 자사가 더 많은 자본을 대어서라도 중요한 결정사항을 비롯한 대부분의 사항을 자사가 결정하고 싶었다. 그래서 자사 측이 대주주가 되고 경영도 책임진다는 전제조건 아래 중국 측과 상담했고, 그 결과로 합자사업을 시작하기에 이르렀다. 구체적으로는 자본금을 2천만 달러(약 236억 원)로 하고, 그중 1600만 달러(약 189억 원)은 F사가, 400만 달러(약 47억 원)는 중국 측이 투자하기로 했다. 이사회(董事會: 둥스후이)는 한방 측 4명, 중방 측 1명으로 구성했다. 이사회에서 모든 문제는 과반수 찬성으로 의결하기로 합의했고, 이를 정관에도 명시했다.

중국에 투자하는 경우에 대부분 그렇게 하듯이 F사도 투자자금 1600만 달러 중 1000만 달러는 본사 지급보증으로 한국의 은행에서 차입하는 방식으로 조달했다. 공장 운영자금은 중국의 여러 현지 은행에서 공장 담보나 신용 담보로 조달했다. 공장을 세운 뒤 처음 1~2년 동안에는 만드는 대로 팔려나가 물건이 달릴 정도였고, 영업이익 실적도 좋았다. 하루 24시간 풀가동하고도 물량이 모자랄 지경이었다. 그런데 2008년 세계 금융위기의 여파가 이 공장에 밀어닥쳤다. 중국의 공장 자체는 계속 잘 운영되고 있었으나, 한국의 본사가 중국과는 상관없는 문제로 인해 기업개선작업(워크아웃)에 들어가게 됐다.

당장 F사에 문제가 생기기 시작했다. 처음 투자할 때 본사의 보증으로 1000만 달러를 대출해준 한국의 은행이 대출금을 회수할 움직임을 보였다. 보증자가 디폴트(Default; 부도 상태. 엄밀히 말하면 부도는 아니지만 부도와 마찬가지로 취급되는 상태)로 보증자의 자격을 상실했으니 새로운 보증자를 구해오지 않으면 대출을 연장해줄 수 없다며 돈을 갚으라는 것이었다. 현실적으로 이보다 더 큰 문제는 중국 현지에서 일어났다. 운영자금을 대출해준 중국의 은행들도 돈을 갚으라는 통지를 보내오기 시작했다. 또 그동안 3~4개월 정도의 신용거래로 원부자재를 공급해주던 중국의 업체들이 기존 원부자재 공급분의 대금을 당장 지불하라고, 그것도 현금으로 결제하라고 요구하기 시작했다. 이로 인해 회사 운영이 어려워지기 시작했다.

그러나 F사가 부닥친 가장 큰 어려움은 위와 같은 대외적인 문제보다 대내적인 문제였다. 다시 말해 중방 파트너 회사와의 관계가 틀어지기 시작했다. 중방 파트너 회사의 태도가 돌변했기 때문이었다. 처음에는 "어떻게 할 생각인가"라고 묻더니 그 다음에는 "해결책을 제시하라"고 요구했고, 시간이 흐르면서 "우리가 투자한 400만 달러를 어떻게 보장할 것인가"라고 따지는 것으로 진전됐다.

합자회사는 투자자 각각이 자기가 투자한 금액만큼 책임을 지는 유한회사임을 상기시켜도 소용이 없었다. 회사가 잘못되어 파탄이 나더라도 중국 측이 투자한 400만 달러에 대해서는 한방 측 투자자가 책임질 일이 없다는 점을 아무리 설명해도 막무가내였다. "우리는 당신네를 믿고 당신네가 하자는 대로 다 따라 했는데 당신네의 본사 사정으로 회사가 운영되지 못하게 됐으니 당연히 당신네가 우리가 투자한 부분까지 책임져야 한다." 이것이 중방 측의 주장이었다.

어려울 때 협조할 생각은 하지 않고 오직 자기가 살 궁리만 하며 규정에도 어긋나는 요구를 해오는 중방 측 투자자를 보고 F사의 한국인들은 울화통이 치밀었다. 그러나 F사는 인내하면서 이렇게 설명했다. "지금은 우리끼리 다툴 때가 아니다. 한국의 은행에는 비록 본사는 어려워져 기업개선작업(워크아웃)에 들어갔지만 중국법인은 잘 운영되고 있음을 알려서 자금 문제를 해결하자. 재무제표를 자세히 보여주고, 지난 두 해 동안 우리가 이룬 성장 실적과 향후 계획 등을 잘 설명하면 대출 연장을 해주지 않겠는가? 아니면 우리 중국법인도 본사와 같이 기업개선작업에 넣어달라고 부탁하는 방법도 가능할 것 같은데 이에 대해서도 한번 연구해보자."

F사는 한국의 은행이 대출 연장을 해주어 차입이 계속 유지되면 중국의 은행들도 그것을 보고 협조하게 되리라고 계산했다. 중방 측에 대해서는 "기업을 하다보면 예상치 못한 문제가 발생하기 마련인데 그럴 때일수록 서로 잘 협조해

서 문제를 해결해야 하지 않겠는가? 이렇게 잘 운영되는 회사가 은행의 대출 연장 중지와 회사 내부 문제로 흑자도산해서야 말이 되는가? 조금만 더 인내심을 가지고 기다려 달라." 이렇게 일단 무마했다.

그로부터 수개월 동안 여러 차례의 IR(어떤 목적, 특히 자금지원이나 투자를 유치할 목적으로 실시하는 기업홍보)을 통해 한국의 은행과 협상을 진행했다. 다행히 본사 기업개선작업의 주채권은행과 F사의 채권은행 사이에서도 이야기가 잘 진행되어 지원된 자금의 기한 연장과 함께 F사의 한국 측 지분 일부를 은행 측에 넘기는 조건으로 증자를 통한 한국 측의 자금투입이 결정됐다. 새로이 자금이 투입되면 공장 가동에 필요한 원자재 구입에 숨통이 트일 수 있고, 그러다 보면 점차 이전과 같이 3~4달 신용거래로 원자재를 구매할 수도 있을 것이며, 중국 측 은행 차입금도 일부 갚게 되면 중국의 은행들도 회사의 신용도 평점을 높일 것이 분명했다. 게다가 한국의 은행이 적극 도와준다는 것을 중국의 은행들이 알게 되면 그들로부터의 차입도 다시 원활해질 것으로 기대할 수 있게 됐다.

F사는 수개월간의 고생 끝에 회사가 정상화의 길에 오르게 됐다는 기쁜 소식을 중방 파트너들에게 알리고, 증자를 위한 임시이사회 개최를 공고했다. 그런데 이사회 개최를 공고한 지 사흘 뒤에 한국 측 투자자에게 청천벽력 같은 중방 측의 제안이 전달됐다.

"우리 측 지분 20%를 그쪽에서 다 사줄 것을 요청합니다."

"그게 무슨 말이오?"

"이 기회에 우리의 지분을 당신네에게 다 넘기고 향후에는 회사를 당신네가 독자적으로 운영하게 하라는 것이 우리 측 본사의 지시입니다."

"갑작스러운 일이긴 하지만, 지분은 얼마에 팔고자 합니까?"

한방 측은 '회사가 어려운 상태가 되니 중방 측이 빠져나가려고 한다'는 얄미운 생각이 들었지만, 회사가 설립된 뒤 2년 이상 지났고 그 사이에 경험도 축적하고 중국 측 인사들과의 인맥도 좀 만들었으니 합자 관계를 유지할 수 없다면 독자적으로 회사를 운영해도 되리라는 생각에서 매각할 지분의 가치를 물어봤던 것이다.

"회사의 현재 가치와 중국시장에서의 위치 확보, 향후 시장성 등을 고려해 3배 정도는 주어야 하겠습니다. 금액으로 따지면 1200만 달러 정도가 됩니다."

"뭐, 뭐라고요?"

한방 측으로서는 어이가 없었지만, 당장 중방 측과 싸움을 벌일 처지가 아니었다.

"일단 이 문제는 이사회 이후로 넘깁시다. 당신네도 알다시피 현재 원자재 들어오는 것도 부족하고 중국 측 은행에서 대출만기 연장도 안 해주겠다고 통보해온 상황입니다. 며칠 안으로 자금이 들어오지 않으면 회사가 부도 날 판이니 우선 이사회부터 열어서 자금 유치를 위한 증자를 결의한 다음에 논의하는 게 어떻겠습니까?"

"아니오. 그 전에 결정을 짓고 나서 이사회에서 만장일치로 통과시켜야 합니다. 이사회에서 우선 본 안건을 통과시키고, 그 다음 안건으로 증자 안을 통과시키는 것으로 합시다. 만일 본 안건이 통과되지 않으면 증자 안건에도 동의할 수 없습니다."

대부분의 합작사가 그렇게 하듯이 F사도 정관에 명시된 대로 회사의 파산이나 증자, 감자 등 가장 중요한 문제에 대해서는 주주 지분과 관계없이 만장일치 의결을 원칙으로 삼고 있었다. 따라서 중방 측의 지분이 비록 적더라도 중방 측이 동의하지 않으면 증자가 이루어질 수 없었다. 그런데 증자가 안 되면 그동안 한국의 은행들과 어렵게 협상하여 얻어낸 것들이 다 물거품이 되고 말 터였다. 그것은 결국 회사가 망하게 된다는 소리였다. 중방 측의 태도는 만장일치 규정을 악용하여 자기네 이익을 극대화하려는 것이었다.

"당신네가 동의하지 않으면 한국에서 돈을 들여올 수 없고, 그렇게 되면 회사는 도산할 수밖에 없습니다. 회사가 도산하면 우리만 망하는 게 아니라 당신네도 망하고, 단돈 1달러도 건질 수 없게 됩니다. 그러니 이사회에서 돈 들여오는 것과 관련된 안건에 대한 동의부터 우선 합시다."

"그럴 수 없습니다. 이것은 본사의 지시입니다. 내가 결정할 수 있는 문제가 아니에요."

이것이 중국이다. 물론 중국의 모든 사람, 모든 기업이 다 그런 것은 아니지만, 대체로 중국은 이렇다는 사실을 알아야 한다. 상대가 가장 어려울 때 가장 아픈 약점을 찔러서 최대의 이익을 취하려고 하는 것이다. 아무리 소액주주라도 그렇게 행동하면 대주주인들 어떻게 하겠는가? 그렇다고 은행에서 대출받기로 한 돈의 대부분을 주고 그들의 지분을 사들일 수도 없었고, 은행에서 돈을 안 받을 수도 없었다.

중방 측은 회사를 설립할 때 합의한 호혜평등의 정신이나 협조의 정신 등에는 아무런 의미도 두지 않는 것 같았다. 애초부터 그런 마음이 없었는지도 모르겠다. 회사를 발전시켜 배당으로 돈을 회수하고 이익을 남길 생각은 애초부터 하지 않았을지도 모른다. 이런 때를 노리고 있다가 한방에 몇 배를 남기는 장사를 하려고 했는지도 모른다.

F사의 한국인 사장은 며칠을 고민하다가 나를 찾아왔다. 문제의 해결책을 묻는 그에게 나는 이렇게 조언해주었다. "이런 때에는 방법이 단 하나밖에 없다. 배수진을 치고, 그럴 바에야 차라리 회사를 망하게 하겠다는 심정으로, 아니 실

제로 회사가 망할 수도 있다는 각오를 하고 만사에 임하십시오.”

결국 한국인 사장은 중방 본사의 최고 책임자를 만나 다음과 같이 선언했다.

“귀사의 소유 지분을 3배 가치로 사라는 것은 그 자체로 우리가 동의할 수 없고, 은행에서도 그런 조건이 있다는 것을 알면 돈을 대출해주지 않을 것이다. 만일 은행에 가서 아무런 이야기도 해주지 않고 돈을 차입했는데, 그 돈을 중방 측의 지분을 구입하는 데 거의 다 썼다는 것을 나중에 은행이 알게 되면 회사 대표인 내가 한국 법률에 의해 배임으로 형사처벌을 받을 수도 있다. 최악의 경우 회사가 잘 안 되어 책임을 지게 되더라도 나는 유한책임회사의 대표로서 져야 할 유한책임만 지면 되는 것이지 형사적인 책임까지 질 수는 없다. 이미 이야기가 여기까지 나온 이상 당신네와 함께 계속 합자회사를 운영하는 것 자체가 어렵지 않겠는가? 계속 지분을 사라고 하면 본사와 의논해보고 적절한 가격으로 지분의 가치를 산정하여 협상할 수도 있다. 그러나 그 전에 이사회에서 증자에 대한 결의를 하는 것이 필요하다. 당신네가 계속 동의하지 않겠다면 안 해도 좋다. 같이 망하자. 중국의 은행들로부터 만기연장을 해줄 수 없다는 통보가 이미 와 있는 상황이다. 도저히 갚을 수 없는 차입금의 만기가 2주 후다. 여러 절차들을 감안하건대, 이번 주말까지 이사회를 열어 결의를 하지 않으면 회사는 부도다. 결정은 당신네가 해라.”

그러고는 자리를 떴다. 그 뒤로 며칠 동안 중방 측으로부터 아무런 연락이 없었다. 한국인 사장은 후속조치로 이사회 개최를 취소하겠다고 통보했다. 또한 은행 대출의 만기연장이 안 될 경우에 대비한 여러 가지 조치들을 실제로 취해 나갔다. 공장 재고의 일부를 다소 저렴한 가격으로 판매했고, 회사가 파산 신청을 할 경우 납부해야 할 세금과 지급해야 할 임금의 금액 산정을 직원들에게 지시했다.

주말인 토요일 아침에 중방 측에서 연락이 왔다. 지분의 가치를 최소 2배 이상으로만 보장해주면 이사회에서 증자에 동의하겠다는 내용이었다. 한국인 사장은 일거에 거절하고 "이미 다 끝난 일"이라고 말했다. 또 다시 연락이 왔다. 어떤 형태로든 최소한의 보장을 해달라는 것이었다. 결국 당시의 시장 상황에 맞는 '합리적인 가격'으로 지분을 구입하겠다고 토요일 밤 늦게 약속했고, 일요일에 임시 이사회를 열어 증자 안건을 통과시켰다.

시사점

중국에서 사업을 할 때 독자법인이 좋은가, 아니면 합작이나 합자가 좋은가 하는 문제는 한마디로 단정하기 어렵다. 상품의 특성에 따라서도 다르고, 시장과 지역별로도 다르기 때문이다. 또한 처음에 시작할 때에는 법인이 아닌 사무소 형태를 취하는 경우도 많다. 사무소는 영업활동은 하지 않고 업무연락이나 정보수집, 시장조사 등 비영리적 기능만을 수행하는 조직이며, 별도로 세금계산서를 발행하지 못한다. 그러나 사무소로 등록했지만 실제로는 본사의 물건을 판매하거나 본사를 대신하여 구매상담, 검사(Inspection) 등을 행하고 심지어 계약서에 사인까지 하는 경우도 적지 않다. 한국의 종합상사들은 중국 각지에 사무소를 두고 있다. 이들 사무소는 등록할 때에는 본사와의 연락과 시장조사 등을 목적으로 했으나 그 후 현지 주재원들이 주문 처리나 상담 등의 업무를 수행하고 있는 경우가 많은데, 조심해야 한다. 허가된 기능 외에 영업까지 했음이 드러나면 엄한 처벌을 받고 무거운 벌금까지 부과당할 수 있다.

독자기업은 투자자가 순수한 자기자본으로 중국 현지에 기업이나 법인, 공장 등을 설립하여 운영하는 형태다. 이것에 대해서는 합자기업이나 합작기업에 비해 중국 정부가 많은 제한을 두고 있다. 또한 외국자본에 의해 설립된 조직도 중국에서는 중국 법에 의해 통제된다는 점에서 그 법률적 지위는 중국 기업이다. 독자기업의 경우에는 투자자 자신이 모든 상황을 파악하고 의사 결정을 해야 하며, 경영과 관련된 것은 모두 자기 책임 아래 처리해야 한다. 합자기업이나 합작기업과 달리 독자기업은 중국 측 파트너가 없기 때문에 파트너와의 분쟁에 휘말릴 이유가 없고 신속한 의사결정을 할 수 있다는 장점이 있다. 이익이 나든 손해가 나든 모두 자기에게 귀속된다. 그러나 문제가 생기면 아무래도 중국인 파트너가 있는 경우에 비해 해결 능력이 떨어지고, 시장 파악이나 정보 수집 등에서 늦을 수밖에 없다. 기술적 우위를 가지고 있거나 시장점유율에 자신이 있는 한국 회사가 중국에서 독자기업을 설립해 운영하는 경우가 많다. 그러나 이 경우에도 유능한 중국인을 얼마나 많이 고용하여 활용할 수 있는가가 중요한 성공의 요소 중 하나다.

한국인을 포함하여 외국인이 중국에 진출하여 사업을 벌일 때 가장 많이 취하는 회사 형태는 합자기업이다. 이것은 외국 자본과 중국 자본이 일정한 비율로 결합하여 회사를 설립해서 공동으로 경영을 하고 공동으로 손익에 책임을 지는 형태다. 경영에 대한 권리와 책임은 출자비율에 따른다. 이 경우 투자대상 업종에는 제한이 그리 많지 않다. 이 형태는 중국인 직원들에 대한 노무나 인사 관리 등을 중국 측이 책임지게 할 수 있고, 로비를 통해 정부의 지원을 획득하고 중국인들 사이의 인맥을 활용할 수 있다는 장점이 있다. 반면에 서로 다른 문화의 충돌로 인해 회사 안에서 불협화음이 일어날 수 있고, 특히 문제가 발생했을 경우 중국 측이 책임을 회피하는 문제와 손해가 생겼을 경우에 그 책임을 분담하는 문제 등을 처리하는 데서 어려움이 예상된다. 합자기업이나 합작기업에서는 중국 측 파트너를 잘 선정하는 것이 사업의 성패를 절반은 좌우한다고 해도 과언이 아니다.

합작은 '계약형 합자'라고도 하는데, 기본적으로 계약에 의해 당사자 간의 권리와 의무를 결정하는 형태다. 한국인들은 보통 합작과 합자를 구별하지 않고 중국인과 같이 투자하거나 협력하여 회사를 운영하게 되면 그냥 "합작한다"고 말하는 경우가 많다. 그러나 중국에서는 합작과 합자는 분명히 구분된다. 합작에서는 그 조건, 손익분배, 투자, 위험부담, 경영관리 등 모든 것이 계약에 의해 결정된다. 출자는 토지, 노동력, 용역, 건물, 설비, 기술, 현금 등 거의 모든 것으로 할 수 있고, 운영도 기간을 설정해 나누어서 할 수도 있고 연합하여 할 수도 있다. 외국인 투자자에게 중요한 점으로는, 합의에 의해 조기 자본회수가 허용되기도 한다는 것과 투자기간이 만료되면 모든 자산이 중국 측 파트너에게 귀속되고 별도의 청산 절차를 거치지 않는다는 것을 꼽을 수 있다.

내가 생각하기에 합작은 잘해 나가기가 가장 어려운 투자 형태다. 계약에 의해 권리와 의무 등 모든 것이 결정되기 때문에 법적 해석이 모호하여 분쟁이 발생하기가 쉽다. 또 아무리 계약서에 모든 것을 명기한다고 하더라도 예상치 못하게 발생하는 모든 문제를 다 그렇게 할 수는 없다. 뿐만 아니라 처음에는 중국 측이 한국 측의 기술과 자금 등을 필요로 하기 때문에 한국 측에 유리하게 계약을 작성하여 사업을 시작한 경우에도 나중에 트집을 잡거나 계약 수정을 요구하는 경우가 적지 않다. 따라서 철저하게 믿을 수 있는 상대가 아니면 합작은 잘해 나가기가 가장 어려운 형태의 합영 방식이라 할 수 있다. 합작기업과 합자기업은 둘 다 유한책임회사로 설립되며, 투자자는 각자의 출자범위 안에서 채무에 대한 책임을 지게 된다.

중국에 투자할 때에는 지분을 51% 이상 확보하여 최대주주가 되었다고 해서 안심해서는 안 된다. "대주주면 뭐합니까? 근로자의 대부분을 차지하는 중국인들이 중국인 관리자의 말만 듣지 내 말은 안 들어요. 사장이면 뭐합니까? 언젠가는 떠나갈 한국인 사장보다 중국인 부사장의 말을 우선적으로 들어요. 그들에게 말도 잘 안 통하는 한국인 사장은 먼 곳에 있는 사람이고, 자기들 내부까지 들여다보는 중국인 부사장이나 중국인 관리자가 가까운 사람이지요. 한국인과 중국인 사이에 다툼이 있을 때에는 중국인의 말만 들어요." 나는 이런 이야기를 여러 번 들었다.

나는 합자기업의 사장도 해본 적이 있고, 독자기업의 사장도 해본 적이 있고, 같은 업종에서 지역별로 독자기업(법인)의 공장을 여럿 운영해본 적도 있고, 합자기업으로 공장을 운영하는 여러 법인체의 회장도 해본 적이 있다. 이렇게 여러 형태를 경험해본 나의 소견은 독자기업이 가장 낫다는 것이다. 중국에 진출하려는 한국인이나 한국 기업이 있다면 나는 중국인들과의 관계를 유지하는 데 게을리 하지 않는 것을 전제로 "같은 조건이라면 독자기업으로 진출하라"고 권하고 싶다. 그러나 물론 원료, 시장, 허가사항 등의 특성상 어쩔 수 없이 합자기업이나 합작기업을 설립해야 하는 경우도 많은 것이 사실이다.

중국에서는 회사의 정관을 '장청(章程)'이라고 부른다. 외국인 투자자가 중국에서 기업을 설립하려면 장청을 제정해 중국 정부의 허락을 받아야 하며, 중국의 법에 위반되지만 않으면 장청이 공식 법적 문서로 등록되어 회사의 권리와 의무 관계를 규정하는 가장 중요한 문서가 된다. 장청에는 회사의 명칭을 비롯해 소재지, 대표자, 주주 구성, 주주권 행사, 설립목적, 재무회계 제도, 손익분배 방식 등 모든 것을 빠짐없이 적어야 한다. 단 법에 의해 정관의 개정, 기업의 중지와 해산, 증자, 합병이나 분할, 해외투자 등에 대해서는 이사회에서 만장일치로 결의하도록 돼있기 때문에 그대로 따를 수밖에 없다.

키포인트

첫째, 이 사건에서 투자 상대방을 결정할 때 중국 측 투자자의 의도에 대한 분석이 미흡했던 것 같다. 중국 측 투자자가 과연 장기간에 걸쳐 양측의 공동 노력으로 회사를 발전시키면서 단기적으로는 배당수익을 얻고 장기적으로는 주식가치 상승에서 이익을 올리려는 생각으로 투자를 하려는 것인지, 아니면 일거에 큰 자본이득을 거두려는 단기적인 목적을 가지고 투자를 하려는 것인지를 잘 살펴봐야 한다.

둘째, 파트너가 아무리 소액투자자라도 회사의 주요 사항들에 대해서는 서로 수시로 의견교환을 하면서 상생해야 한다는 의식을 심어주는 노력이 부족하지 않았나 싶다. 한방 측이 최대주주이자 이사회 구성에서도 절대적으로 우위이니 무엇이든 마음대로 결정하고 시행해도 된다고 생각한 것은 아닌지 반성해볼 일이다. 중국은 그렇게 만만한 곳이 아님을 알아야 한다. 소액주주의 입장도 고려해야 한다. 파트너가 이사회 구성에서 소수파의 지위를 받아들일 때는 그들 나름대로 무언가 의도를 품고 있는 게 분명하다고 생각해야 한다.

셋째, 최종 협상에서는 절대 끌려가면 안 된다. 중국인과의 협상에서는 배수진을 치지 않으면 안 되는 경우가 적지 않다. 일단 들어주고 보자는 식으로 중국인의 불합리한 요구를 들어주면 그 다음에 더 큰 불합리한 요구가 기다린다는 점을 명심하자.

07

중국인이 만만디라고요?

중국인의 특징 가운데 하나로 '만만디(漫漫的)'를 드는 사람이 많다. "무얼 하려고 해도 도대체 답답해서 못 해먹겠다." "계약서 하나 작성하려면 숨이 넘어갈 것 같다." "다 됐다고 해놓고 막상 사인하려면 또 엉뚱한 소리를 해댄다." "금방(馬上) 다 될 것이라고 해놓고 일주일(혹은 한 달)이나 지났는데 아직도 '금방' 타령이다." 이런 이야기는 중국인과 거래하는 사람들에게서 늘 듣는 말이다. 그들 중에는 아예 만만디가 중국인의 특징이라고 생각하는 사람도 적지 않은 것 같다. 만만디는 과연 중국인의 특징 가운데 하나라고 말할 수 있을까?

G사는 섬유제품의 원단을 중국에 보내서 임가공을 하여 다시 한국 혹은 G사의 바이어가 있는 미국이나 유럽에 수출하는 회사다. G사는 오래 거래한 미국 바이어가 급하게 추가 주문을 해와 평소 임가공을 주던 중국 회사에 직원을 보내 임가공 위탁 상담을 하게 했다. 가격을 합의했고, 제시한 샘플에 따라 품질도

받아들일 수 있는 수준으로 맞춰주기로 합의했다. 가장 문제가 되는 것은 납기였다.

"아무리 늦어도 3월 중순까지는 선적돼야 합니다. 하실 수 있겠습니까?"

"그건 좀 곤란하군요. 아시다시피 2월에 구정이 끼어 있잖습니까? 중국에서 구정은 좀 특별한 의미가 있지요. 공원들이 다 고향을 찾아갑니다. 구정 1주일 전부터 공원들이 일을 하지 않아요. 표를 구한다, 선물을 산다, 같이 고향 갈 친구들을 모집한다 하면서 일을 하지 않습니다. 또 구정 후 1주일 동안에도 고향 갔다가 늦게 돌아오는 공원도 있고, 돌아왔지만 구정 후유증 때문에 일을 제대로 하지 않는 공원도 있고, 하여튼 2월에는 정상적으로 일을 못 한다고 생각해야 하니 납기를 3월 중순으로 하기는 어려울 것 같습니다."

"잘 아시겠지만, 섬유제품은 시즌(Season) 상품이라서 시즌을 놓치면 '재고 떨이'를 하거나 무게로 달아 팔아야 하는 경우도 없지 않아요. 3월을 놓치면 여러 가지 정황상 제 시즌에 시장에 제품을 내놓을 수 없으니 다른 모든 게 다 합의됐다 해도 계약을 맺기가 어렵군요."

"……."

"아쉽지만 이번 오더는 다른 임가공 업체를 찾아봐야 할 것 같습니다. 그럼 이만……."

"잠깐만요."

중국 임가공 업체 사람이 자리에서 일어나려는 G사 직원을 붙잡아 다시 앉게 했다.

"단가를 한 15% 정도 더 올려줄 수 있겠소?"

그는 다른 임가공 업체를 찾아간다는 말에 민감하게 반응했다. 그동안 수년간 자기네를 제1의 임가공 업체로 삼아온 한국의 큰 섬유업체가 다른 곳을 찾아가서 계약을 맺게 되면 앞으로의 거래에 악영향을 미치게 된다고 생각한 것 같았다.

"납기만 정확히 맞춰줄 수 있다면 15％ 정도는 더 올려주겠소."

"좋소. 그렇다면 3월 중순까지 선적하겠소. 계약을 합시다."

그러나 G사 직원은 내심 불안했다. 이전에 구정이 낀 경우도 아니었는데 계약을 맺어놓고 지키지 않은 사례가 있었던 터라 이번처럼 구정까지 낀 경우에는 더 더욱 안심할 수 없는 노릇이었다.

"이행보증 조로 전체 계약금액의 120%에 해당하는 P-Bond를 걸어주시오. 그래야 우리가 안심할 수 있지 않겠소."

G사 측의 이런 추가 조건을 놓고 몇 번의 실랑이가 있었다. 그러나 워낙 유리한 단가에 많은 물량인지라 중국 업체는 마침내 G사의 추가 조건을 받아들여 G사와 계약을 맺고, 보증금 조의 P-Bond를 스탠바이 신용장(Stand By L/C) 형태로 걸었다. 스탠바이 신용장은 수출입 거래에 수반되는 상품대금 결제를 목적으로 하는 화환신용장과는 달리 금융이나 채무보증 등을 목적으로 하여 발행되는 특수한 형태의 무화환신용장으로, 피보증회사가 채무나 보증을 불이행할 때는 이 신용장에 의해 지급을 청구함으로서 자기 채권이나 보증금액을 회수할 수 있다.

구정이 되자 G사 대표는 영 마음이 편하지 않았다. 중국 임가공 업체가 예정대로 생산을 하고 있을까 걱정됐다. 그런데 구정 날 아침에 중국 임가공 업체로부터 전화가 왔다. 보내준 원단 중에 불량품이 일부 섞여 있고 단추와 와이셔츠 목 부분에 넣는 간지도 모자라니 급하게 보내달라는 요청이었다.

G사 대표는 놀라지 않을 수 없었다. 원단이 일부 불량하고 단추와 간지가 부족하다는 말에도 놀랐지만, 그보다는 중국 사회의 일반적인 관습과 달리 구정에 업무 협의를 하자고 전화를 걸어왔다는 사실 그 자체에 더 놀랐다. 오랜 세월

중국 업체와 거래하고 중국인과 관계를 맺어온 G사 대표가 이해한 중국인은 그런 중국인이 아니었다. 계약을 맺고도 지키지 않고 세월이 가든 말든 상관하지 않는 게 중국인이며, 모든 것을 천천히 진행하는 '만만디'야말로 중국인의 특징이라고 생각해오던 터였다. 그런데 다른 날도 아닌 구정 날에 일을 하자고 연락이 온 게 아닌가!

"한국도 지금 구정 휴가 중이오. 지금 당장은 어떻게 할 수 없고, 이삼 일 후면 구정 휴가가 끝나니 그때 조치를 취하겠소."

그러나 중국 회사 측은 막무가내였다.

"아니, 구정과 상관없이 일을 해달라고 당신네가 말하지 않았소. 우리는 P-Bond까지 걸고 24시간 일하고 있는 마당인데, 무슨 구정 타령입니까?"

G사 대표는 할 말이 없었다.

"아무튼 지금으로서는 어쩔 수가 없으니, 좀 기다려주세요."

"그럴 수 없습니다. 고향에 가겠다는 공원들을 보너스 주고 붙잡아두고 구정 이후에도 여러 가지 추가 혜택을 주겠다고 약속했는데, 당신네가 공급해줘야 하는 원부자재 부족으로 그들을 놀릴 수는 없소이다. 대책을 마련해주시든지, 아니면 선적을 좀 늦게 해도 좋다는 확약을 해주시오."

"……."

중국 임가공 업체는 구정 당일에 서너 번 더, 구정 다음날에도 귀찮을 정도로 전화를 걸어와 대책을 요구했다. 그야말로 '만만디'와는 거리가 멀었다. 사실 G사는 중국인의 만만디와 납기 연기 가능성을 감안해서 선적 기일을 실제로 맞춰야 하는 날보다 보름 정도 앞당겨 요구했던 터였다. 결국 중국 임가공 업체 사장의 성화에 못 이겨 "원부자재 부족으로 인한 경우에 한해 선적을 일주일 연기할 수 있다"는 확약을 해주고서야 독촉전화를 받지 않게 됐다.

그러고서 G사 대표는 정말로 원부자재가 부족했는지를 확인하기 위해 구정 당일은 지났지만 중국의 연휴가 끝나기 전에 중국으로 가보려고 비행기에 몸을 실었고, 중국에 도착하자마자 공항에서 쑤저우(蘇州)에 위치한 중국 임가공업체 공장으로 직행했다. 공장에 도착한 G사 대표는 가공라인 모두에 공원들이 붙어 일하는 모습을 보고 '중국은 정말이지 알다가도 모를 나라' 임을 실감했다.

시사점

우리가 중국인의 특징으로 알고 있는 '만만디' 는 더 이상 중국인의 특징이 아니다. 이제는 중국인이 어떤 일을 천천히 한다면 자기의 이익과 상관없는 일을 하고 있거나, 일을 천천히 해야 자기에게 득이 되거나, 일을 천천히 할 수밖에 없는 사정이 있다고 봐야 한다. 필자의 경험에 따르면, 빨리 처리하지 않으면 손해 볼 수 있는 일을 하는 경우에는 중국인이 우리보다 더 급하다.

물론 모든 계약조건이 다 합의됐는데도 당장 계약을 맺지 않고 "이제 거의 다 합의됐으니 계약서에 사인하는 것은 날을 다시 잡아서 합시다"라고 제안할 때가 간혹 있다. 이런 때 무조건 당장 계약하자고 졸라봐야 헛수고인 경우가 많다. 사정을 살펴보면, 권한이 위로 집중된 중국에서는 이런 때 우리와 계약에 합의한 중국 측 실무자가 회사로 돌아가 그 내용에 대한 윗선의 결재를 받아야 하는 경우가 많다. 국영 기업이라면 내부 회의를 거쳐 확정이 돼야만 하는 경우도 많다. 그리고 윗선의 결재를 받지 못한 경우나 내부 합의가 안 된 경우에는 다음 날 엉뚱한 요구나 추가 요구를 하기도 한다. 이런 측면에서는 중국인의 '만만디' 가 아직 살아있다.

그러나 자기네한테 꼭 필요한 경우에는 근무시간이나 공휴일 여부와 상관없이 급하게 일을 추진하는 게 요즘 중국인의 태도다. 필자는 계약이 아직 안 된 상태에서 귀국 길에 올랐다가 공항까지 쫓아온 중국인 상대방과 공항에서 만나 예약된 비행기 탑승시간이 되기 직전에 계약을 맺은 적도 있고, 항공편 예약을 다른 걸로 바꾸어서 몇 시간 시간을 벌어 놓고 그 사이에 계약을 맺은 적도 있다.

어쩌면 중국인의 '만만디'는 원래부터 '의도된 만만디'가 아니었나 싶기도 하다. 적어도 오늘날의 중국인은 결코 손해 보는 만만디는 하지 않는다.

키 포 인 트

중국 측과의 협상에서 중국인이 '만만디'로 나올 때는 그보다 더 '만만디'로 나갈 필요가 있다. 한국인다운 급한 성격을 스스로 다스리지 못해서 중국인의 '만만디'를 견디지 못하면 협상에서 좋은 성과를 거두기가 어렵다. 중국인이 만사에 바쁠 것 없다는 듯이 하는 행동은 대체로 보아 천천히 해도 손해날 것 없는 경우에 한한다. 중국인의 만만디는 잘하거나 못하거나 똑같은 대우를 받던 과거 '철밥통 시대'의 유산인데, 이제는 많이 사라졌다.

또 하나 명심할 점은, 중국인은 꼭 필요한 경우에는 급해지기도 하지만 이와 동시에 밤낮을 가리지 않고, 수단과 방법도 가리지 않는다는 것이다. 우리가 이런 요즘 중국인의 성질을 거꾸로 이용하면 좋은 성과를 얻을 수 있다. 중국은 넓다. 또한 아직도 '철밥통'이 잔존하는 변방 시골이 있는 반면에 개방한 지 150년이 넘는 국제도시 상하이도 있다. 이런 양극단의 지역들에 대해 똑같은 방식으로 협상해서는 안 된다. 양쪽을 똑같이 '만만디의 중국'으로 보거나 '만만디가 없는 중국'으로 보아서는 비즈니스에서 효과적인 협상을 하기가 어렵다는 사실을 명심하자.

08

풍기문란 사건

H사는 한국의 종합상사로 중국에 현지법인을 두고 있다. 종합상사의 중국 현지법인에서는 한국의 본사에서 온 사람들을 만나고, 그들과 함께 여러 가지 비즈니스 활동을 벌이고, 그들과 회의를 하는 것도 중요한 업무다. 이런 비즈니스 활동이나 회의 후에는 그들과 같이 식사도 하고 술도 마시면서 마무리를 하는 경우가 많다. 그러다 보니 불미스러운 일도 생기게 된다.

다음은 H사의 중국 현지법인에서 어느 날 벌어진 일이다.

"오늘 K부장과 L부장이 출근하지 않았습니다."

"그놈들 어제 저녁에 또 취하도록 술을 먹은 게로군. 어제 본사에서 출장 나온 M부장, N부장, O부장과 함께 고객 방문을 하지 않았나. 그러고는 같이 술을 먹으러 간 것이 틀림없지, 뭐."

"그런데 좀 이상합니다. 어제 집에도 안 들어왔다고 하고, 지금 벌써 오후 2

시인데 아직 출근도 하지 않고, 아무런 연락도 없고, 핸드폰도 불통입니다."

"뭐? 어제 집에 안 들어갔다고?"

부장들이 밤에 술을 먹고 다음날 늦게 출근하는 경우가 간혹 있긴 했지만, 그래도 점심시간이 되기 전에는 출근하는 것이 보통이었다. 그런데 K부장과 L부장은 아직 출근하지 않았다니, 뭔가 좀 이상하긴 했다.

"찜질방 같은 곳을 좀 더 찾아봐. 새벽까지 술 먹고 찜질방 같은 데서 자고 있을지도 모르니."

최근 상하이 같은 중국의 대도시에는 한국인이 많이 거주하게 되면서 한국의 찜질방 같은 업소들이 생겨나 인기를 끌고 있다. 또 중국인이 개설하여 운영하는 찜질방도 생겨나고 있다.

오후 4시경에 다시 사장실 문을 두드리고 들어온 관리담당 임원은 고개를 가로 저으면서, 아무래도 무슨 사고가 난 것이 틀림없다는 표정을 지었다. 상하이나 베이징 같은 도시에는 워낙 교민이 많아서 한국인이 음주사고를 내거나 폭행 피해를 당하는 경우도 종종 있고, 교통사고를 당하는 일도 많다.

사장은 K부장, L부장과 같이 근무하는 다른 부장들을 불러서 두 사람이 평소에 잘 가던 곳이 어디인지를 물었다.

"벌을 주려는 것이 아니니 부끄러워할 필요도 없고 감출 것도 없어. 사실대로만 이야기해줘."

K부장과 L부장은 술을 먹고 난 뒤에는 Y지역에 있는 Z사우나에 자주 간다고 했다. 본사에서 온 부장들과 함께 그 사우나에 갔을 수도 있다는 의견이었다. 사장은 그 사우나에 사람을 보내 알아보게 했다.

가보니 문이 닫혀 있었고, 당분간 영업을 하지 않는다고 적혀 있었다. 뭔가 낌새가 이상했다. 근처의 파출소와 공안에 알아보았다. 아니나 다를까, 그들은 전날 밤에 ○○파출소에 잡혀갔고, 거기서 밤새 조사를 받고 나서 아침에 어디론가 이송됐다는 것이었다.

뻔했다. 풍기문란 죄가 아니면 윤락방지법 위반일 테고, 어쩌면 둘 다에 해당되는지도 몰랐다. 한국 경찰청에서 파견한 총영사관의 영사에게 개인적으로 부탁하여 그들의 소재를 알아보니 푸둥(浦東: 황포강 동쪽 강변의 금융밀집 지역)에 있는 구치소에 이미 구류된 상태라고 했다.

참으로 곤혹스러운 일이었다. 우선 집에다가는 알려줘야 하는데, 어떻게 알려야 할 것인가? 아직 자세한 내용을 파악하지는 못했지만 틀림없이 여자와 관계된 일로 구류됐을 텐데 집에다가 어떻게 이야기한단 말인가? 가정이 파괴될지도 모른다. 두 부장 본인들도 덩달아 즐겼을지도 모르지만, 어쨌든 본사에서 온 사람들을 접대한답시고 그런 곳에 간 것일 텐데 그로 인해 가정에 문제가 일어나면 안 되는 것 아닌가. 아무리 회사 일이라 해도 여자와 관계된 일이라면 부인들은, 특히 요즘의 젊은 부인들은 참지 못한다는 것을 사장도 잘 알고 있었다.

회사에서 그들을 어떻게 처리할 것인지도 문제였다. 본사에 알리기도 곤란했고, 안 알리기도 곤란했다. 본사에 알리면 본사가 무언가 조치를 취해야 할 것 아닌가. 좋은 조치가 나올 리 만무했다. 그렇다고 본사에 알리지 않고 덮어두기도 어려웠다. 손님들이 요구해서 갔건, 두 부장 본인들이 원해서 갔건 그것은 문제가 되지 않는다. 그런 곳에 갔다는 것 자체가, 그리고 문제가 생긴 것 자체가 문제였다. 게다가 일주일 내지 보름이나 회사에 출근하지 못하게 된 부장들의 상황을 본사에 보고하지 않기도 곤란했다.

두 부장이 구류를 살고 나온 이후 추방되는 경우의 문제도 있었다. 주재원에게 발급해주는 비자인 'Z비자'(취업비자인 '쭤예(作業)비자'의 첫 발음을 따서 Z비자라고 한다)가 취소되고, 향후 5년 동안 중국에 다시 들어오지 못하게 될 터였다.

구류 자체를 취소할 수 있다면 모든 문제가 간단하게 풀릴 수 있었다. 그러나 상당한 인맥을 동원하고서도 구류를 취소할 수는 없었다. 상하이는 그런 곳이다. 일단 정부의 공식 문서에 사인이 되면 취소를 할 수가 없다. 상하이에서 부시장이면 꽤 힘센 '빽'이고, 강력한 인맥이다. 그런데 부시장에게 부탁해도 안 됐다.

한국 총영사관에 부탁해도 소용이 없었다. "엄연한 형사법의 적용을 받는 피의자인데 총영사관에선들 어떻게 할 수 있겠느냐"는 것이었다. 총영사관이 해줄 수 있는 일은 '자국민이 억울한 일을 당하는지 알아보기 위한 면회' 뿐이라고 했다.

총영사관 쪽에는 더 큰 문제가 있었다. 중국 정부가 총영사관으로 구류자 명단을 이미 보낸 것이었다. 총영사관에서는 이를 서울의 외교통상부에 알리지 않을 수 없을 테고, 그러면 외교통상부가 관련 기관인 경찰청에 이를 통보하게 될 터였다. 이후 검찰청까지 넘어가게 되면 모두가 아는 사건이 돼버린다. 그 도중에 언론에 보도되지 않으리란 보장도 없었다. 언론을 통해 알려지면 회사의 명예에 먹칠이 된다.

사장은 고민 끝에 일단 첫 번째 조치로 두 부장의 집에 "어제 손님 접대를 하다가 옆자리의 중국 고위층과 시비가 붙었고, 그들이 중국의 고위층임을 모르는 상태에서 서로 간에 폭행이 빚어졌으며, 결국 붙잡혀 가서 구류를 살고 있다"고 알려주었다. 한국인 부인들은 남자가 술을 마시다가 벌인 폭행에 대해서는 비교적 관대한 편인 점을 생각해서 그렇게 한 것이었다.

사장은 두 번째 조치로 총영사관에 부탁하여 영사와 같이 면회를 가서 사건의 자초지종을 들었다. 그들은 1차로 술을 마시고 나서 2차로 술을 마시는 대신 평소 잘 다니던 사우나에 갔다고 했다. 거기서 사우나를 한 뒤 안마를 받고 있는데 갑자기 공안이 들이닥쳐 "다 손 들고 나와!"하고 소리치면서 핸드폰과 바지 벨트를 압수한 뒤 안마사와 손님들을 한꺼번에 차 안으로 들이밀었다는 것이었다. 파출소에 도착한 뒤에 '퇴폐행위를 했다'는 내용의 조서에 지장을 찍으라는 요구를 받았는데, 처음에는 완강하게 버텼다고 했다. 그러나 집에 연락을 하겠다는 말에 모두 무너졌다는 것이었다. 게다가 본사에서 출장 나온 사람들은 당장 다음날로 중국에서 추방하고 다시는 중국에 오지 못하게 하겠다는 엄포에 그나마 남아있던 힘도 모두 빠져버렸다고 했다.

그러나 일단 중국의 공문서 중 하나인 조서에 지장을 찍고 나면 빠져나올 방법이 거의 없다. 유일하게 행정소송을 하는 방법밖에 없는데, 행정소송을 제기하는 데 소요되는 시간만도 한 달이 넘는다. 그 사이에 구류는 끝날 것이니, 행정소송을 해봐야 본인에게는 상황이 마찬가지이거나 더 고약해진다. 본인은 조서에 적힌 퇴폐적인 행위는 하지 않았다면서 억울하다고 했지만, 누가 그 말을 믿어주겠는가. 그 사우나 자체가 퇴폐 사우나인 것을.

당사자들은 구류를 살 수밖에 다른 방법이 없었다. 구류 기간은 법 위반 정도에 따라 1주와 2주로 나뉜다. 그러니 1주 또는 2주 동안 죄수복 입고, 죄수신신고, 중국식 주먹밥을 하루 2번 먹으면서 인생을 되돌아보며 반성하는 방법밖에 없었다. 가정은 거짓말로 무마해 놓았으니 별 문제 없을 터이니.

본사에는 어떻게 이야기하면 좋을까? 사장은 고심하다가 "퇴폐 사우나인 줄 모르고 그 사우나에 갔다가 재수가 없어 걸린 것 같다"고 알렸다. 그러면서 "잠시 구류를 살아야 하는데, 현지에서 알아서 처리하겠다"고 보고하고 양해를 구해 놓았다.

더 큰 문제는 공안에서 이미그레이션(Immigration: 출입국관리소)에 정식으로 비자 취소 요청을 한 것이었다. 구류를 마친 뒤 사흘 이내에 중국을 떠나야 했다. 이 문제는 쉽지는 않았지만 다행히 풀 수 있었다. 이미그레이션의 입장에서는 추방은 무조건 해야 했다. 그러나 그런 다음에 다시 중국에 들어오는 것을 막는(즉 통관시키지 않는) 것은 다른 문제이니, 알아서 조치를 취해주면 모른 척해주기로 합의를 봤다. 물론 비용을 지불했다. 이미그레이션 측에서 말한 조치란 중국에서 추방된 뒤에 여권을 다시 발급받을 것과 그때 여권에 표시되는 이름의 영문 표기를 조금만 고치는 것이었다. 이렇게 해도 잡아내려고 마음만 먹으면 얼마든지 잡아낼 수 있지만 모른 척해주겠다는 것이었다. 비용을 지불해야 한다는 점이 다소 부담스럽기는 했지만, 다른 방법이 없었고 의심할 여유도 없었다.

그 다음으로 처리해야 할 일은 외교통상부에 통보하는 것이었다. 이 문제에 대해서는 총영사관을 찾아가서 사정했다. 총영사관의 입장은 통보하지 않을 수 없다는 것이었다. 그래서 통보는 하되 회사 이름은 빼달라고 했고, 결국 사람 이름만 통보됐다. 구류된 직원들은 전원 추방됐다. 회사에서는 그들을 출장으로 처리했고, 그들이 돌아올 때는 출장 후 귀환으로 처리했다. 다행히 한국의 여권 발급 행정이 신속하여 2~3일 만에 여권을 새로 발급받을 수 있었고, 홍콩에서 중국 비자를 사서(홍콩에서는 공항에서 초특급으로 중국 비자를 판다) 그것으로 다시 중국에 들어왔다.

그것으로 문제가 다 해결된 것은 아니었다. 한 달쯤 뒤에 한국의 경찰서에서 출두하라는 통보가 왔고, 이어 한국의 검찰청에서도 출두하라는 통보가 왔다. 출두한 직원들은 이렇게 진술했다. "사우나에 간 것은 사실이다. 그러나 퇴폐스러운 짓은 한 적이 없다. 중국 공안의 무서운 강압에 눌려 어쩔 수 없이 사인을 했을 따름이다. 우리는 중국말을 모른다. 공안의 조서에 무슨 말이 쓰여 있는지도 모른 채 겁이 나서 사인을 했을 뿐이다." 그들은 방면됐다.

시사점

중국 현지의 지사나 법인에 근무하는 사람들에게는 비즈니스 활동 자체 이상으로 중요한 업무가 있다. '접대'가 그것이다. 한국 본사 사람들을 포함한 수많은 방문객을 접대해야 하고, 거래처 등의 중국인과 술자리를 같이 해야 하며, 비즈니스와 직접적인 관련은 없으나 각종 박람회나 전시회 등에 참가하는 사람들을 안내하고 돌봐야 한다.

이런 접대는 당장 직접적으로 비즈니스에 관련된 것은 아니라 해도 향후 여러 가지 가능성에 대비해 소홀히 할 수 없는 부분이다. 실제로 이런 일로 인연을 맺은 사람이 나중에 비즈니스 관계에서 중요한 역할을 해주기도 한다. 그 외에도 본사의 회장이나 사장과 관계가 있는 사람들이 회장이나 사장에게 부탁하여 중국 방문 시 도움을 청하는 경우도 있다. 오죽하면 현지 주재원의 가장 중요한 업무는 '술상무'가 되는 것이란 말까지 있겠는가? 그런데 중국에서는 여러 모로 주의할 것이 있다. 여기는 사회주의 국가다. 사회주의 체제에 자본주의 경제가 진출했는데, 자본주의의 좋은 것보다 그 쓰레기가 먼저 들어왔다.

술을 좋아하는 손님이나 출장자가 술을 마시고 싶어 하면 원래 술을 잘 못 마시는 주재원은 고역을 치러야 한다. 일반 음식점에서 식사를 하면서 곁들여 반주를 하는 정도라면 술을 좋아하든 좋아하지 않든 큰 문제가 없지만, 개중에는 이른바 '룸살롱'에 가기를 원하는 사람도 적지 않다. 한국에 비해 비용이 5분의 1 수준이고, '사람 값'이 싼 만큼 아가씨 팁도 저렴하며, '2차'도 언제든 가능하다. 내가 아는 어느 분은 연세가 예순을 훌쩍 넘긴 분인데도 중국에 올 때마다 여자를 소개해 달라고 했다.

술만이 아니다. 피로를 풀 수 있는 건전한 안마도 도처에 있지만, 각종 퇴폐

안마도 많다. 태국에서 하는 '바디 마사지'도 있고, 여자 안마사가 발가벗고 묘기를 부리는 국적 미상의 이상한 마사지도 있다. 가격도 저렴하다. 그러다 보니 한국에서는 엄격히 금지되는 각종 성매매 행위도 가능하다. 한국에서는 조심하던 사람들이 중국에 와서 욕구를 풀려고 하는 경우가 적지 않다.

그러나 선무당이 사람 잡는다는 말과 같이, 중국에 온 지 얼마 안 되는 직원들은 뭘 모르니 겁도 없이 온갖 데로 손님을 모시고 다니는 경우가 많다. 나는 중국에서 사장으로 일할 때 직원들에게 그런 행위를 비교적 엄하게 금지시켰고, 피치 못할 사정이 있을 경우에 이용할 곳과 이용하는 방법을 가르쳐주기도 했다.

아직은 잘 모르는 사람들이 더 많겠지만, 중국의 퇴폐업소는 대단히 무서운 곳이다. 중국에서 오래 있게 될수록 무서워서라도 그런 곳에 가지 못한다. 외국인이라도 외교관이나 기자를 비롯해 공적인 지위에 있는 사람과 대기업 대표를 포함한 저명인사가 중국에서 하는 행동은 중국의 어떤 공적 기관이 '다 보고 있다'고 생각하면 된다. 보고 있되 별다른 일이 없으면 그냥 넘어간다. 그러나 필요하게 되면 몇 년 전에 보았던 것까지 들추어내고 책임을 묻는 곳이 중국이다.

특별단속 기간이라는 것도 있다. 정부가 어떤 특별한 필요에 의해 단속을 하기도 하고, '가만 놔두니 너무 심해졌다'고 할 정도로 풍기가 문란해진 경우에 단속이 시작되기도 한다. 이런 특별단속 기간에 걸리면 예외 없이 크게 혼난다. 구류를 살고 추방된다. 추방된 뒤에는 5년 동안 중국에 다시 들어오지 못한다.

한때는 이런 일로 문제가 되면 여권에 '호색한(好色漢)'이라고 기록한 후 추방한다고 했다. 최근에는 '호색한'이라고 기록하지는 않지만 비자를 취소하고 당사자의 인적 사항을 이미그레이션에 등록한다. 이로 인해 중국에 다시 입국할 수가 없게 되는 것이다. 한 번의 실수로 인해 중국에서 비즈니스 활동을 할 수 없게 될 뿐만 아니라 관광 목적으로도 중국에 입국할 수 없게 된다고 생각해 보라. 얼마나 끔찍한 일인가.

키포인트

첫째, 퇴폐영업을 하는 곳에 가서는 안 된다. 중국에서 당신이 하는 행동은 누군가가 다 보고 있다고 생각해야 한다. 특히 지위가 높은 사람일수록 더욱 그렇다. 재수가 없어서든 아니든 퇴폐행위를 한 것으로 지목되어 문제가 생기면 해결하기가 어렵다. 나서서 도와줄 사람이 없으면 조그만 실수 하나로 인해 중국 비즈니스는 그것으로 끝임을 명심해야 한다.

둘째, 부득이하게 술집이나 사우나 등에 가야 할 경우라도 연말연시, 공산당 창립기념일, 엑스포(EXPO) 등 큰 규모의 전시회 기간, 정부가 심혈을 기울이는 행사가 열리는 기간, 노동절 등과 어느 날 갑자기 정해지는 특별단속 기간에는 그런 곳에 가기를 피해야 한다.

셋째, 조심했는데도 일이 잘못되어 단속에 걸리게 되면 혐의를 부인해야 한다. 우선 "나는 중국말을 모른다"고 하고, 통역을 통해 혐의를 들이대면 "그런 적 없다"고 잡아떼야 한다. 그리고 자인서나 조서 등에 사인하기를 거부하고 있는 상태에서 중국 현지에 살고 있고 현지 사정을 잘 아는 지인에게 연락을 해서 도움을 요청해야 한다. 이렇게만 대처해도 중국의 기관이 외국인인 당신을 어쩌지는 못한다. 다만 가정의 문제는 당신 자신의 문제이니 당신 자신이 판단해서 대응해야 한다.

　넷째, 단속 기간에도 단속하지 않는 곳이 있으니 그런 곳을 알아두어서 나쁠 것은 없다. 중국에서 오래 근무한 주재원에게 물어보면 그런 곳이 어디에 있는지 알 수 있다. 정말로 피치 못할 경우에는 비용이 좀 더 들더라도 그런 곳을 이용하라. 그런 곳은 바로 공안이나 무장경찰이 운영하는 곳이다.

09

죽 쒀서 개 줬구나!

I사는 중국에서 자동차 부품을 제조하여 납품하는 회사다. 어느 회사에도 뒤지지 않는 훌륭한 기술을 보유하고 있으며, 이는 알 만한 완성차 회사들은 다 알고 있다. 그러나 같은 제품을 생산하고 판매하는 한국, 중국, 유럽의 업체들과 중국 시장에서 치열한 판매경쟁을 벌이고 있다.

새로 부임한 I사 사장 P씨는 중국에서 시장점유율을 높이기 위해서는 '대리인'을 이용하는 것이 필수라는 보고를 받았다. 그러나 I사의 대리인이 10명이 넘는다는 사실에는 아연했다. 그럼에도 후발업체로서 강력한 경쟁자들을 상대하여 중국 전역에 물건을 납품하려면 지역별로 대리인을 둘 수밖에 없다는 현실을 인정했다. 그러다가 어느 정도 시장점유율을 높였다고 생각한 시점에 그는 대리인들에 대해 한번 정도 점검을 해볼 필요를 느꼈다. 그래서 "대리인들의 명단과 각각의 대리인과 맺은 계약서들을 가져오라"고 지시했다. 직원이 가져온 계약서를 며칠 동안 꼼꼼히 살피던 P씨는 여러 가지 이상한 점들을 발견했다.

"대리인들에게 지금까지 지급된 커미션(수수료)과 대리인들의 성과에 대해 설명을 좀 듣고 싶으니 준비해서 보고해주세요. 동시에 대리인들이 납품뿐 아니라 납품 후 채권 회수, 불량품 처리 등까지 책임지기로 계약서에 명시되어 있던데, 대리인들이 담당하는 회사별로 채권 현황을 상세히 조사하여 이달 말까지 보고해 주세요."

그 시점은 연말에 가까운 때였다. 사내에서 일을 잘한다고 소문난 중국인 팀장(부장)이 갑자기 몸이 아주 안 좋아져서 더 이상 회사 생활을 할 수 없게 됐다는 이유로 사표를 제출했다. P사장은 그의 후임으로 그의 밑에서 일하던 과장을 차장으로 진급시켜 팀장으로 근무하게 했다. 그런데 그도 발령 난 지 일주일 만에 사표를 던지고 나갔다. 게다가 그 과장 밑의 담당자 2명도 사표를 냈다. 한 부서의 인원 중 절반이 사표를 낸 셈이 됐다.

이때까지도 P사장은 조금은 이상하게 생각했지만 그 일이 대리인 문제와 관련이 있다고는 생각하지 못했다. 그 부서에서는 더 이상 후임을 구하지 못하여 옆 부서의 중국인 팀장을 겸임으로 발령하는 과정에서야 그 이유를 알게 됐다.

"저는 겸임을 할 수 없습니다."

"이유가 뭐야? 겸임을 하면 직책수당도 더 받을 수 있고, 회사에서 더 신임하게 될 텐데 왜 겸임을 못 하겠다는 거지?"

"……."

"혹시 전임 부장과 관련된 일로 겸임을 못 하겠다는 거라면, 걱정하지 않아도 되네. 전임 부장이 저지른 일에 대해서는 자네한테 책임을 묻지 않겠어. 그 대신 전임 부장의 문제점을 낱낱이 조사해서 보고해 주게. 그래야 자네가 오해를 받는 일을 피할 수 있을 테니. 그러기 위해서는 자네가 잘못한 일이 아닌 것이 무엇인지를 우리가 알아야 하겠네.”

“대충 알고는 있지만, 좀 더 명확하게 하기 위해 조사를 해봐야겠습니다. 전임 부장과 관련이 있는 납품업체들에 직접 가보겠습니다. 출장을 다녀와서 자세히 정리하여 보고하겠습니다.”

그가 출장을 갔다 와서 P사장에게 보고한 내용은 다음과 같았다.

지방의 유수한 카 메이커에 납품할 길을 뚫기 위해 현지의 유력한 인사이자 그 카 메이커 사장 부인의 친척인 중국인 Y를 대리인으로 쓴 것이 화근이었다. P사장이 부임하기 전에 몇 년간에 걸쳐 그 대리인이 카 메이커로부터 받은 납품대금 가운데 송금하지 않고 수중에 쌓은 돈이 자그마치 1200만 런민비(약 21억 원)나 되는 것이 확인됐다. 납품을 맡은 그 대리인과 카 메이커가 같은 지방에 있는 데다가 납품대금은 보통 어음으로 받기 때문에 어음을 수령하는 일까지 그 대리인에게 맡기다보니 그런 일이 빚어질 수 있었다. 게다가 현지의 창고에 보관돼 있어야 할 재고 중에서 일부가 없어진 것도 발견됐다.

“아니, 몇 년 동안 받았어야 할 대금을 못 받았는데, 그런 사실을 아무도 몰랐단 말인가?”

그제야 P사장은 중국인 부장과 그 밑의 과장과 담당 직원까지 2~3일씩의 간격을 두고 사표를 던진 이유가 무엇이었는지를 명확하게 알게 됐다. 겸임을 안 하겠다는 옆 부서 중국인 부장의 반응도 그래서 그랬던 것이라고 이해할 수 있었다. 회계부서가 채권대조, 재고확인 등 정기적인 조사를 게을리 한 것은 아니었다. 그러나 현업 부서의 담당 직원으로부터 팀장에 이르기까지 모두 다 돈으로 매수된 상태에서는 회계부서의 정기적인 조사가 아무런 효력이 없었다. 뿐만 아니라 한국인 관리부장과 담당 임원마저 임기가 만료되어 떠나니 통제가 제대로 이루어질 수가 없었다. 그야말로 주인의 생선을 마음 놓고 배불리 먹는 고양이를 키운 꼴이었다.

"당장 대리인을 해임하는 동시에 형사고발하고 재산압류 등 취할 수 있는 모든 조치를 다 취하도록 하게."

"그런데 그게 쉽지가 않습니다."

"그게 무슨 말이요?"

"카 메이커의 구매부서에서 Y씨를 대리인으로 쓰지 않으면 우리 회사 제품을 구매하지 않겠다고 협박조로 이야기하고 있습니다."

대리인의 매수공작은 한두 사람에 그친 게 아니었다. 납품처인 중국 카 메이커의 구매 라인 총책임자부터 말단 직원까지 다 매수해 놓은 것이었다.

"이봐, 우리가 이 회사에 지금까지 납품하여 모두 얼마를 벌었나? 그 돈을 회수하지 못한다면 우리가 그 고생해서 납품하여 번 돈을 전부 이 사기꾼에게 갖다 바친 셈이 아닌가? 납품을 안 해도 좋다고 말해. 대리인으로 Y를 쓰지 않으면 납품을 받지 않겠다면 납품을 하지 않겠다고 해. 그리고 철저히 형사적으로 처리해. 동시에 사직서를 낸 부장들까지 전부 조사하도록 해."

그런데 그렇게 하는 것도 쉽지 않음을 아는 데는 일주일도 걸리지 않았다. 대리인 Y는 이미 그 지방의 공안과 검찰청까지 다 매수해 놓은 듯했다. P사장이 직접 그 지방 검찰청 과장을 찾아가 만났다. 그런데 그 과장은 기소하는 것 자체가 어렵다는 입장을 밝혔다. 게다가 사표를 내고 나간 부장들에 대해서는 조사할 '근거'가 없다고 했다.

Y를 우선 형사적으로 묶어 놓아야 그만둔 중국인 부장들도 엮을 수 있는데, Y를 형사 소추할 수 없다면 중국인 부장들에 대해서는 속수무책이었다. 문제는 또 있었다. 물건을 공급할 때는 대금을 당장 받든 나중에 받든 세금계산서를 발

급하는 등 물건을 공급한 근거를 남겨야 하는데, 물건 공급과 관련된 서류들이 분실된 것이었다. 고의성이 엿보이는 일이었다. 그런 서류들이 없다면 형사소송은커녕 민사소송도 제기하기 어려웠다. P사장이 부임하기 전 4~5년 동안 Y는 그렇게 철저하게 해먹은 것이었다. 그러나 그 많은 돈을 떼이고도 아무 일 없었던 듯이 가만있을 수는 없었다.

이런 경우에 대처하는 방법에는 대체로 두 가지가 있다.

첫째 방법은 로펌 간판을 내건 조직폭력배를 동원하는 것이다. 이런 조직은 간판은 그렇게 내걸었어도 정상적인 법률적 자문이나 대행은 거의 하지 않는다. 우리가 일반적으로 알고 있는 조직폭력배는 아니지만 교묘한 공식적 조직 폭력배다. 나름대로 자기들이 갖고 있는 인맥을 활용해 공안이나 정부의 고위층을 동원해 타깃으로 삼은 사람들을 잡아들이고 족치고 해서 못 받은 돈을 대신 받아내 준다. 그 대가인 '변호사비', 즉 수임료로는, 그렇게 하여 받아낸 돈의 일부를 요구한다. 지급 방식은 기소하게 되면 얼마, 기소하여 돈을 얼마 받아내면 또 얼마, 상대가 감옥에 들어가게 되면 또 다시 얼마 하는 식이다. 그러나 돈을 받아내지 못하게 되면 그들에게 돈을 아예 주지 않거나 아주 적게 줘도 된다.

둘째 방법은 중국 최고의 로펌을 쓰는 것이다. 중국 전체에 걸쳐 조직을 가지고 있으면서 시골까지 영향력이 미치는 로펌이 그런 곳이다. 이런 로펌은 법률적인 조언이나 대행만 하는 곳이 아니다. 그런 것 외에도 정부 기관에 포진한 인맥을 통해 법원에 압력을 행사하기도 한다. 그러나 이런 로펌을 쓰는 데는 기본적으로 들어가는 비용이 적지 않고, 시간도 많이 걸릴 수 있다.

P사장은 처음에는 첫째 방법을 쓸까도 생각했다. 그것이 사건을 해결하는 데는 더 확실할 수도 있다. 그러나 위험하다. 중도에 돈을 더 달라고 할 수도 있고, 상대방이 돈을 더 준다고 하면 상대방으로 넘어갈 수도 있다.

　　P사장은 결국 둘째 방법을 선택하기로 하고, 중국에서 제일 크고 조직이 잘 돼있다는 로펌의 변호사를 선임했다. 그러고는 별도의 비용을 들여서 Y씨의 재산을 조사한 뒤 담보를 제공하고 '소송 전 재산보전' 차원에서 그의 재산을 동결시켰다. 힘 있는 로펌의 조직과 인맥을 이용하여 재판 관할지를 I사의 주소지로 바꾸는 데도 성공했다. 세금계산서가 없는 거래에 대해서는 그에 준하는 간이영수증이라도 찾아내고, 물건을 운반할 때 사용한 운송증이라도 찾아냈다.

　　P사장은 이 사건을 끝까지 마무리하지 못한 채 I사를 떠났다. 나중에 나는 그로부터 I사가 증거 부족과 피고인의 재산 도피 등으로 인해 사기로 잃어버린 돈을 다 되찾지 못했다는 이야기를 들었다.

시사점

한국에서도 마찬가지이지만 중국에서도 신규 업체가 기존의 시장에 진입하기는 보통 어려운 것이 아니다. 월등한 기술력을 가지고 있다고 해도 시장에서 마케팅을 잘하는 것, 즉 그 월등한 기술력을 알리고 인정받는 것은 별개의 일이기 때문이다.

　　오랜 기간 노력한 결과로 수준 높은 기술을 보유한 많은 업체들이 그 기술을 응용하기도 전에 도태되어 버린다. 수준 높은 기술을 보유했더라도 마케팅 능력의 부족으로 시장에 진입하는 데서 난관에 부닥치기 때문이다. 특히 신규 업체의 시장 진입은 중국에서나 한국에서나 원리는 비슷하지만 중국에서 훨씬 더 복잡하고 어렵다. 특히 외국 업체가 중국 업체에 새로운 제품을 납품하기란 새로운 제품을 개발하는 것만큼 어렵다고 해도 과언이 아니다. 무엇보다 특수관계, 이른바 인맥(관시)의 문제가 가세하기 때문이다.

새로 진입하는 신규 업체에 대응해 기존의 납품업체들은 시장을 빼앗기지 않기 위해, 즉 납품 자격을 유지하기 위해 납품처를 꾸준히 관리하려고 사력을 다하는데, 그 과정에서도 한국을 포함한 외국의 회사들은 눈에 보이지는 않지만 중국인들만이 갖고 있는 중국적인 인적 관계, 즉 관시의 힘을 느끼게 된다. 이것은 기술력이나 제품 품질의 우열만으로는 설명이 안 되는 장벽의 원인 중 하나다. 중국에서는 자동차 부품, 전자제품 부품, 기계류 등을 포함해 거의 모든 방면에 이런 장벽이 존재한다.

중국에서 이런 장벽을 극복하고 신규 업체가 시장에 진입하기 위해 쓰는 방법 중 하나가 '대리인'을 두는 것이다. 대리인이라고 불리는 사람들의 역할은 일반적으로 제품을 납품할 수 있는 길을 뚫어주고, 납품이 성사된 뒤에도 상당한 기간 동안 문제가 생길 때 그것을 해결해주는 역할을 해준다. 이런 점에서 대리인은 지극히 중국적인 직업이라 할 수 있다.

대리인은 많은 경우 중국인 사장이나 사장의 부인, 혹은 사장의 형제 등과 사적인 관계를 갖고 있고, 그런 인맥을 통해 중국인 사장과 소통하는 게 가능한 사람이다. 사장이 아니면 구매 본부장, 그것도 아니라면 하다못해 구매 담당 팀장 등과 사적인 관계를 갖고 있는 사람들도 있다. 이런 사적인 관계가 없더라도 과거에 특정 회사의 고위직이나 구매 본부장, 구매 담당 팀장 등을 지낸 사람들도 있다. 이런 관계를 갖고 있는 대리인은 특정 회사의 구매 결정에서 영향력을 갖고 있는 사람들과 은밀한 이야기를 나누는 게 가능하다. 서로 부탁하는 이야기가 오가거나 대가가 오가기도 한다.

후발업체로서는 무슨 수단을 써서라도 납품업체로 지정받으려고 노력하므로 어쩔 수 없이 대리인을 쓰게 되는 경우가 많다. 나는 중국에서 "아무리 노력해도 납품할 길을 뚫을 수 없다"고 하소연하는 소리를 도처에서 들었다. 공개입찰에서 단가를 제일 낮게 제시해 1차 구매대상자로 선정됐다 하더라도 그 다음 단계에서 탈락하곤 한다. 탈락의 이유는 여러 가지다. 공급받는 자의 입장에서 납품업체를 탈락시키고자 하면 댈 수 있는 이유는 셀 수도 없이 많다. 심지어 '최종 테스트'를 해주지 않는 방식으로 탈락시키기도 한다. 납품을 받기 전에 실시하는 제품 테스트를 1년 이상 납득할 만한 이유도 없이 해주지 않는 경우도 있다. "담당자가 바쁘다", "다른 일정이 잡혀있다", "테스트하는 기관이 바빠서 시간을 낼 수 없다" 등의 이유를 대기도 하지만, 이런 것들은 믿기 어려운 말이다.

어쩔 수 없어 대리인을 써보니 그동안 1년이 넘도록 테스트 날짜가 잡히지 않던 것이 바로 일주일 뒤로 테스트 날짜가 잡힌 경우도 보았다. 납품처 회사의 규모가 클수록 이런 경우가 더 많다. 그러나 조심해야 한다. 대리인을 쓰는 것이 필요악인 경우도 있으나, 결국은 고양이에게 생선을 맡기는 꼴이 되는 수가 많다. 또한 대리인과의 관계가 좋게 끝나는 경우보다는 그렇지 않은 경우가 더 많은 것 같다. 그들의 직업이 원래가 그런데다가 그들의 일하는 방식도 그렇다. 대리인을 쓰더라도 철저히 관리하지 않으면, 차라리 납품을 하지 못하더라도 대리인을 쓰지 않는 것이 더 낫지 않았을까 하는 후회까지 하게 될 수 있다.

키 포 인 트

첫째, 대리인은 가능한 한 안 쓰는 게 좋다. 나도 대리인을 써보았는데, 단순히 대리비, 즉 커미션(수수료)만 바라고 대리인 노릇을 하는 경우는 드문 것 같다. 대리비가 저렴하다면 그 이면에는 반드시 우리가 모르는 이권이나 불법적 거래가 있다. 거래처 사람들을 돈으로 매수하는 방식으로 거래를 장악하려고 하는 대리인이 많다. 이 장에서 소개한 사건과 관련된 대리인 외에 I사의 다른 대리인들도 모두 대리계약이 종결될 때 예상치 못한 문제가 튀어나와 I사는 대리인들과의 관계를 어렵게 정리해야 했다.

둘째, 다른 도리가 없어 어쩔 수 없이 대리인을 써서 신규 납품 길을 뚫어야 한다면 대리인을 철저히 관리해야 한다. 대리계약 기간을 최대한 짧게 설정하고 끊임없이 숙제를 주어 대리인이 다른 짓을 하지 못하게 해야 한다.

셋째, 회사 내부에서 대리인을 관리하는 일을 맡은 직원들에 대한 관리도 철저히 해야 한다. 그렇게 하지 않다가 자칫 잘못하면 '죽 쒀서 개 준다' 는 속담이 한국에서보다 중국에서 더 잘 들어맞음을 뒤늦게 깨닫게 될 것이다.

10

이 사람, 중국에서 작은 잘못은 모르는 척해야지!

J사는 상하이에 본부를 둔 한국계 대기업이다. 공장관리, 판매, 판매 후 관리, 마케팅, 재무회계 등을 모두 현지에서 하는 독자기업이다. 한국 본사에서 10여 명의 한국인 임직원이 파견되어 근무하고 있고, 중국인 80여 명이 현지에서 채용되어 한국인과 같이 근무하고 있다. 한국계를 포함한 외국계 회사들 대부분이 그렇듯이 이 회사에서도 대체로 한국에서 파견된 사람들은 나이에 관계없이 팀장을 맡아 팀을 관리하고, 중국인은 나이에 관계없이 한국인 팀장의 지휘를 받으며 그 밑에서 근무한다. 그러다보니 현채인(현지채용인) 관리가 문제가 된다.

어느 날 관리를 맡고 있는 한국인 부장이 사장을 찾아왔다.

"R과장 아시죠?"

"응, 그런데?"

"잘라야 할 것 같습니다."

“잘라? 왜?”

“돈을 떼먹고 있는 것 같습니다.”

“무슨 돈을?”

“출장비 정산을 할 때 제출한 영수증 중에서 출장 간 날짜와 무관한 영수증이 발견됐습니다. 출장 이전의 날짜와 출장 이후의 날짜가 박힌 영수증입니다. 심지어는 가짜로 보이는 영수증도 발견됐습니다. 또 2~3일이면 충분한 출장을 항상 4~5일 이상 다녀오려고 하고, 허락해주지 않으면 보고도 없이 2~3일 늦게 돌아오는 경우도 몇 번 있었습니다.”

“그런 영수증을 다 더하면 금액이 얼마나 되나?”

“매 출장마다 약 500런민비(8만 5천~9만 원)의 영수증이 이상합니다.”

“알았어. 이 문제는 내가 처리하겠으니 자네는 그만 돌아가.”

사장은 다음날 R과장을 불렀다.

“R과장, 한국 회사에서 근무하려니 애로사항이 많지?”

“…….”

사장이 과장을 직접 불러서 대화하는 것은 드문 일인지라 바짝 긴장한 R과장은 처음에는 아무런 대답도 하지 않고 사장의 눈치를 살피기만 했다. ‘무슨 말을 하려고 저러나’ 하고 생각하는 듯했다.

“사장인 내가 향후 회사의 주축이 될 중국인 과장들에게 너무 신경을 안 쓴 것 같아서 말이야. 과장들의 애로사항을 솔직하게 듣고 싶어서 자네를 부른 거야. 어차피 나를 포함해 자네들 위의 한국인 부장들이나 한국인 임원들은 몇 년 있으면 다 한국으로 돌아갈 것 아닌가. 그러나 자네들에게는 여기가 평생 살아가야 할 곳이고, 꿈과 미래를 키워가게 될 곳 아닌가? 그런데 내가 그동안 너무 실적만 강조하고 복지는 뒷전으로 미루어 놓은 것 같아서 자네들의 의견을 한번

듣고 싶어 부른 거야. 듣자하니 자네가 가장 부지런해서 출장도 자주 가고, 일도
잘한다고 하더군."

"사실 애로사항이 많습니다."

그제야 이야기의 봇물이 터졌다. 급여가 다른 회사들에 비해 너무 낮다는
이야기에서부터 중국인에게 걸맞은 교육의 기회가 너무 적다는 이야기, 그리고
출장비를 비롯한 여러 가지 비용 책정이 너무 타이트하다는 이야기까지 나왔다.

"급여가 낮다는 말은 동종 업계의 다른 회사들보다 낮다는 건가?"

"그건 아닙니다."

"그렇다면 그렇게 생각하는 것은 잘못된 관점이 아닐까? 우리 회사에서 급
여를 아무리 많이 주어도 그보다 더 많은 급여를 받는 친구들이 다른 곳에 있을
거야. 업종마다 나름대로의 특징이 있을 테니까. 그러니 비교하려면 동종 업계
의 다른 회사들과 비교해야 하지 않을까? 그리고 자네는 다른 사람들보다 똑똑
한 것 같으니 물어보는 건데, 급여에서 기본급을 최소화하고 그 대신 실적에 비
례해 성과급을 더 많이 주는 제도에 대해서는 어떻게 생각하나? 지금 1천 런민비
를 받고 있다고 칠 때 기본급을 500런민비로 하고 실적이 좋은 사람은 이 기본급
의 200%나 300%를 받도록 하는 것이지. 그러면 총액으로 현재 받는 급여의 2~3
배도 받을 수 있을 테고. 그 대신 실적이 나쁘면 기본급에 30~50%만 더 얹어서
받든가, 최악의 경우에는 기본급만 받는 거야. 이렇게 하면 물론 지금의 급여에
비해 절반밖에 못 받는 경우도 생길 테지."

"저는 대찬성입니다."

"그래? 그렇다면 다른 사람들의 의견도 들어보고 다들 찬성한다면 그렇게
해보도록 하겠네."

"교육 기회에 대해서는 이런 말을 하고 싶네. 회사도 직원들에게 교육 기회

를 줄 준비는 돼있네. 그런데 이직률이 너무 높아. 회사로서는 실컷 교육을 시켜 놓은 직원들이 다른 회사로 이직해버리면 큰 손해가 아닌가? 어떻게 생각하나?”

“교육 기회가 많아지면 이직률이 떨어질 겁니다. 한국 사람이 중국에 와서 돈만 많이 벌어 가져가는 것이 아니라 번 돈으로 재투자도 한다는 생각을 중국인 직원들이 갖게 되겠지요. 재투자의 일환으로 교육 기회를 확대한다면 이직률이 분명히 낮아질 겁니다.”

“글쎄, 결국 닭이 먼저냐 달걀이 먼저냐 하는 건데, 한번 연구해보지. 그런데 비용 책정이 타이트하다는 것은 무슨 이야기인가?”

이 문제에 대해서는 대답하기를 몹시 망설이는 것 같았다.

“괜찮으니 허심탄회하게 말해보게. 어떤 이야기라도 괜찮으니.”

“한국인 부장들은 출장을 가면 4성급, 심지어 5성급 호텔에서 묵지만 우리에게는 숙박비를 300런민비(약 5만3천 원)밖에 안 주니 불만이 많습니다. 요즘 중국도 웬만큼 큰 도시에서는 300런민비는 질 낮은 여관에 묵을 정도밖에 안 됩니다. 또 한국인 부장들은 출장 가서 먹고 마시고 하는 데 쓴 돈을, 심지어 자기들끼리 먹고 마셨어도 다 ‘손님 접대’로 영수증을 제출해서 처리하는데 우리는 그렇게 할 수 없게 돼있습니다. 우리로 하여금 실력 발휘를 하게 하려면 접대비를 충분히 쓰게 해주고, 숙박도 호텔에서 할 수 있게 해주는 조치가 필요하다고 생각합니다. 체면을 중시하는 중국 사회에서 우리가 싸구려 여관에서 숙박하는 것을 거래 상대방이 보고 우리를 우습게 여겨 상담이 어려워지는 경우도 있습니다.”

날짜가 안 맞거나 가짜인 영수증 문제에 대한 답은 이미 나온 셈이었다.

“자네들도 겪어봐서 알겠지만, 한국인 부장들의 출장은 일정이 아주 짧다네. 길어야 2박3일이고, 짧은 경우에는 당일치기로 다녀오기도 하지. 그런데 듣기로 자네들은 같은 사안으로 출장을 갈 때 짧아야 2박3일이고, 보통의 경우에는 4박5일이나 그 이상의 일정으로 출장요청서를 내는 수가 많더군. 어떤 경우에는 토요일, 일요일도 끼어 넣고 말이야. 왜 그런가?"

"우리 회사의 중국인 직원 중에는 다른 지방 출신이 많습니다. 특히 상하이에서 근무하는 중국인 직원 가운데 상하이 출신은 30%도 안 될 겁니다. 그러니 출장을 가게 되면 가능한 한 기간을 1~2일 연장해서 집에 다녀오는 경우가 흔히 있는 것 같습니다."

중국인 직원들이 출장을 길게 다녀오려고 하는 이유도 나왔다.

"그것은 안 좋은 관행인 것 같네. 공적인 회사 일과 집에 다녀오는 사적인 일은 구별해야 하지 않겠나? 공적인 일을 하겠다고 출장 가서 집에 다녀오는 것 같은 사적인 일을 하는 것은 잘못된 일 아닐까? 이렇게 하면 어떻겠나? 출장비를 올려주고 영수증 사용한도도 올려주되 출장기간은 짧게 잡고, 집에 다녀올 일이 있으면 개인 돈으로 토요일과 일요일을 이용해 다녀오는 거야. 이렇게 정해 놓았는데도 회사 일로 출장 간 김에 집에 다녀온다든지 하다가 발각되면 회사가 해고를 포함해 어떤 처벌을 해도 달게 받겠다는 각서를 쓰라고 하면 자네는 쓰겠나?"

"기꺼이 쓰겠습니다."

사장은 다른 중국인 과장급들은 물론이고 중국인 부장급, 차장급, 대리급, 말단 직원들을 차례로 불러 의견을 물어보았다. 모두 R과장과 대동소이한 의견을 말했다. 사장은 한국인 부장과 임원들의 의견도 들어본 뒤에 마침내 아래와 같이 회사의 제도를 바꾸었다.

'첫째, 급여는 기본급과 성과급으로 나누되, 기본급의 비율을 종전 급여 전액의 50%로 하고 나머지는 성과급으로 한다. 성과가 우수한 직원과 그렇지 못한 직원의 급여 차이는 1.5배에서 3 배까지 나도록 한다.

둘째, 교육 기회를 확대하되, 교육을 이수한 지 6개월 이내에 회사를 떠나는 경우에는 회사에서 지불한 교육비를 반납한다.

셋째, 출장비는 직급에 따라 달리 정하되 한국인과 중국인 사이에 차별이 없게 지급한다. 단, 출장 기간은 되도록 짧게 잡고, 허가 없이 출장지를 이탈할 경우 회사에서 무겁게 징계한다.'

이런 제도변경 이후 약 6개월 정도 관찰해본 결과 이직률은 기대한 대로 낮아졌고, 출장비 지출은 오히려 크게 줄어들었으며, 중국인 직원들에게 좀처럼 찾기 어려웠던 애사심이 생겨났다. 또한 날짜가 지난 영수증이나 가짜 영수증을 회사에 제출하는 등 윤리적으로 허용될 수 없는 관행이 없어졌다.

변경된 제도는 이후 영업사원뿐만 아니라 공장에서 일하는 공원(노동자)에게도 적용되어 긍정적인 효과를 크게 볼 수 있었다. 맨 처음 문제사원으로 지목됐던 R과장은 진급하여 이제는 차장으로 근무하며 실력을 발휘하고 있다. 중국에서 현채인을 다룰 때 큰 도둑이 아니면 모르는 척해야 할 경우가 적지 않음을 알아야 한다.

시사점

중국은 노동자의 나라다. 그런데 중국에 사는 주재원들도 중국이 노동자의 나라라는 사실을 가끔 잊어버리고 사는 것 같다. 워낙 많은 인구에 많은 문제가 생겨서 중국 정부에서도 노사간에 일어나는 문제를 다 통제할 수가 없고, 해외로부터 자본주의 문물을 받아들이는 입장에서 자본주의적인 것을 무시할 수가 없기 때문에 많은 부분을 용인하고 있지만, 노동자에 대한 중국 정부의 입장은 일관

되다. 특히 노동자와 사용자 사이에 분쟁이 생기면 중국 정부는 약자인 노동자 편이다. 최근 임금을 비롯한 노무 문제, 노동자 소요 대책, 노조(公會: 궁후이) 설립 등 많은 부분에서 노동자에게 유리한 방향의 정책이 입안되거나 발표되고 있다. 이것이 투자자나 사용자로서 중국에 진출하는 한국인에게는 불리한 요소로 작용하고 있음은 말할 필요도 없다.

중국 투자에서 성공하느냐 여부는 얼마나 좋은 중국 현지인을 채용하여 쓸 수 있느냐에 달려 있다고 해도 과언이 아니다. 이를 다른 말로 표현하면, 인사와 노무관리를 얼마나 효율적으로 하느냐가 관건이라고 할 수 있다. 같은 조건이라면 중국인을 활용하면 한국인을 쓸 때보다 비용이 적게는 5분의 1 정도, 많아도 2분의 1 정도 된다. 중국인을 쓰면 한국인 주재원을 둘 때처럼 집세와 학비 보조, 차량 제공 등을 하지 않아도 된다. 접대비를 비롯한 통제 대상 경비도 주재원보다 중국 현지인의 경우에 훨씬 적게 들며, 이러한 비용 차이는 제품 원가와도 연관된다.

중국에서 사업을 할 때 현지화는 필수라는 점도 명심해야 한다. 중국은 경제적인 측면에서 이미 다른 나라라고 할 수 없을 정도로 한국과 가까워지고 있다는 점에서도 그렇다. 중요한 자리나 높은 직급에도 중국인을 많이 채용하여 일하게 하는 등 사업을 현지화하는 것은 외국인이 중국에 투자해서 성공하는 데 중요한 요소다.

많은 한국인이 중국에서 사업을 벌였다가 실패하는 이유 중 가장 큰 것은 한국식 인사와 노무관리다. 중국인이 한국인과 생김새가 비슷하다고 해서 한국식으로 인사와 노무관리를 하면 문제가 생긴다. 중국은 우리나라와 다르고, 중국 사람은 우리와 다르다. 문화가 다르고, 인식이 다르고, 역사가 다르다. 단지 외모가 비슷하게 생겼다는 이유 하나로 머릿속까지 비슷할 거라고 여기는 태도를 버리지 않으면 반드시 낭패를 만난다.

키포인트

첫째, 중국인과 한국인은 문화적 배경이 크게 다르다. 역사적으로 면면히 이어져온 문화적 차이를 무시해서는 안 된다. 중국인은 회사 일과 관련해 공사(公私)의 차이를 인정하지 않는 경우가 아주 흔하다. 공적인 것과 사적인 것의 혼합을 아주 당연한 것으로 여기는 경우도 적지 않다. 중국은 근대 이전에는 물론이고 근현대에도 사(私)의 영역이 인정되지 않았다. 그렇기에 중국인은 공과 사가 구별되고 사를 위해서라도 공을 지켜야 한다는 개념을 이해하지 못하는 경우가 많다. 중국에서 오래 살아본 나는 중국인에게 공과 사의 구별이 중요하다는 점을 이해시키는 게 아주 어렵다는 점을 잘 알고 있다.

둘째, 중국 현채인은 대부분의 경우 회사에 대한 로열티(Royalty: 충성심, 자부심 등)가 없다. 한국인 직원에게 요구하듯이 "회사를 사랑하고, 본인이 손해를 좀 보더라도 회사를 위해 해야 할 일은 하라"고 요구하는 것은 어리석은 정책이다. 규정 이상의 요구를 하기 위해서는 그에 걸맞은 보수나 대우를 생각해야 한다. 그렇지 않으면 가짜 영수증 제출과 같은 일이 생겨나기 마련이다.

셋째, 인사관리의 측면에서 항상 중국 현채인의 이직에 대비하는 자세가 필요하다. 중국에 근무하는 한국인 주재원은 웬만해서는 이직을 생각하지 않는다. 현지에서 이직하는 것 자체가 금지된 경우가 대부분이지만, 본인들도 가족 부양 등 여러 가지 문제 때문에 이직할 생각을 별로 하지 않는다. 그러나 중국인은 다르다. 앞에서 말한 로열티와도 관련이 있지만, 다른 데서 조금만 더 유리한 조건이 제시되면 뒤도 안 돌아보고 이직을 선택한다. 심지어 이직이 경력을 증진한다고 생각하는 중국인도 적지 않다. 공장 노동자의 경우는 이런 현상이 더욱 심하다. 구정(春節: 춘제) 등 고향에 가는 시즌이 되면 전체 인력 중 10~20%의 이직은 보통이다. 어느 지방에서나 그렇다. 그러니 항상 이직에 대비해야 한다. 특히 기술인력이 이직하여 공장의 생산에 차질이 빚어질 가능성에 대비하여 항상 잉여 기술인력을 준비해 두어야 한다.

넷째, 중국에서 기업을 운영하는 일과 관련해 한국인 경영자가 알아두면 좋은 중국인의 일반적 태도 중 하나는 성과급 차이에 대해 그리 불만스러워하지 않는 것이다. 그래서 성과급 지불에 따르는 부작용이 의외로 적다. 한국에서는 회사가 성과급을 차이 나게 지불하면 "내가 왜 이만큼밖에 못 받아야 하나", "저 직원은 나보다 일도 못하는 데 왜 나보다 돈을 더 받나", "저 사람은 상사와 관계가 좋으니 평가가 좋게 나온 것이다" 등의 얘기가 오간다. 성과급 차이에 대한 불만이 크고, 그러다보니 성과급 시행에 따르는 부작용도 크다. 그러나 중국인은 성과급 차이를 잘 받아들이는 편이다. 물론 불만이 아주 없는 것은 아니지만, 그 정도는 한국인의 경우보다 약하다. 본인 입장에서 정 받아들일 수 없다면 말없이 사표를 내는 경우가 많다. 그런데 기업의 입장에서 도태돼야 할 사람은 빨리 도태되는 것이 낫다는 점에서는 중국도 예외가 아니다.

다섯째, 사용자에 대한 규제가 갈수록 강화되는 것이 요즘의 중국이다. 2010년에 개정된 노동법에는 3번 이상 노동계약을 맺었거나 10년 이상 노동계약을 맺었으면 사용주가 영구히(즉 노동자 본인이 스스로 나가기 전까지는) 그 노동자를 고용해야 한다는 조항이 있다. 실제로 관리상의 실수로 인해 이 조항에 걸리게 되어 내보내고 싶어도 내보내지 못하는 노동자가 생긴 기업의 경우를 보았다. 그런 노동자는 아무리 빈둥빈둥 놀아도 회사 쪽에서 시쳇말로 자를 수가 없다. 그런 노동자가 있는 것은 그 한 명만의 문제가 아니다. 그가 주위 다른 노동자들에게 미치는 악영향도 생각하지 않을 수 없다. 사용자의 입장에서는 같은 노동자를 3번 이상 고용하지 않거나 최장 9년 이내로 기간이 한정된 노동계약을 맺는 등의 대응조치도 필요하지만, 그 외에 노동자가 어떤 잘못을 저질렀다면 해고할 수 있도록 하는 규정이나 회사의 필요에 따라 중국 내의 어떤 지역에서든 근무하도록 지시했을 때 따르지 않으면 해고할 수 있도록 하는 규정을 마련해 두는 것도 필요하다.

중국인이 무대뽀인 줄 몰랐단 말이야?

K사는 한국의 유명한 물류회사다. 중국에 진출하여 비즈니스를 시작하는 단계에서 중국 전역에 물건을 파는 한국의 Z사와 접촉하여 Z사의 물건에 대한 운송권을 따냈다. 중국 시장 진입 단계였기에 당연한 일이지만 '6개월 후 대금 결제' 등 여러 가지 특별한 조건을 수용할 수밖에 없었다. Z사도 기왕이면 한국 운송업체에 운송을 맡기는 것이 믿을 수 있어 좋을 뿐 아니라 계약서도 한국어로 작성할 수 있는 등 여러 가지로 편리한 점도 있어 서로 공조하게 됐다.

어느 날 Z사로부터 다급한 전화가 걸려왔다.

"공장에서 물건이 출발한 것이 그제라는데, 왜 우리 딜러(Dealer: 자기 회사 물건을 취급하는 대리상)는 아직도 물건을 못 받았다고 난리지요?"

"그럴 리가 없습니다. 제가 조사해보고 곧 연락을 드리겠습니다."

대답은 이렇게 했지만, 사실 K사의 담당 부장은 몹시 불안했다. 일전에도 비슷한 일이 있었다.

K사는 중국에서 물류사업을 한다고 하지만 2~3일씩 쉬지 않고 달릴 트럭을 모두 직접 구비하는 것은 불가능한 일이었다. 그래서 대부분의 운송차량은 한국에서와 마찬가지로 지입식 트럭에 오더(Order)를 주거나 중국 운송업체에 재하청을 주는 형식으로 운영했다. 그러다보니 운송단가가 싼 업체를 고를 수밖에 없었다.

그런데 처음에는 아무 문제 없을 거라던 중국 운송업체가 사고를 내는 일이 잦았다. 공장에서 물건을 싣고 출발한 트럭이 바로 목적지로 가지 않고 도중의 어느 지역에 물건을 잠시 내려놓고 다른 물건을 싣고 와서 그 물건과 혼적하고 가다가 적발된 적이 있었다. 이런 경우에는 목적지에 도착하는 것이 2~3일, 심지어는 일주일 이상 늦어지기도 했고, 적재한도의 2~3 배가 넘는 물건을 과적하고 가다가 사고를 내기도 했다. 그럴 때마다 K사는 화주인 Z사에 다시는 그런 일이 없도록 잘 관리하겠다고 사정사정하여 겨우 무마하곤 했다. 이번에도 그런 상황인 것 같았다. K사는 중국의 재하청 운송업체에 전화를 걸었다.

"우한(武漢)으로 가는 XX 제품이 아직 도착하지 않았다는데 어떻게 된 겁니까?"

"곧 도착할 겁니다."

"지금 그 트럭과 물건은 어디에 있습니까?"

"글쎄요, 알아보겠습니다."

"아니, 이 사람들이……. 어떻게 그렇게 태평할 수가 있습니까? 지금 화주가 난리가 났어요. 잘못하면 화물 운송권을 회수해 갈지도 몰라요. 그러면 당연히 당신네에게 주는 오더도 없어지는 것입니다."

"그건 알겠는데, 그건 그거고 우리에게 밀린 운송료는 언제 지불해주실 겁니까?"

"운송료라뇨? 화물의 위치를 알려 달라는데 갑자기 웬 운송료 타령입니까? 우리도 Z사로부터 아직 운송료를 받지 못하고 있습니다. 우리가 운송료를 받는 대로 그쪽에 밀린 운송료도 지불하겠습니다."

"당신네가 Z사로부터 운송료를 못 받았다고 해서 우리에게 운송료를 못 준다는 것은 말이 안 되지요. 그것은 당신네 사정이고, 당신네가 Z사로부터 운송료를 받든 말든 우리에게 밀린 운송료는 지불해야 하는 것 아닙니까?"

"아니, 갑자기 왜 이러십니까? 운송료를 몇 달 후불로 하는 것은 이 업계의 관행이 아닙니까? 왜 갑자기 운송료 문제를 들고 나오는지 이해할 수 없군요. 우선 문제가 된 물건의 소재부터 빨리 알아봐 주시오. 운송료 미지불 문제는 나중에 별도로 이야기합시다."

"그건 안 되겠는데요."

"뭐요? 이 사람들이……."

"그럼, 이만 전화 끊겠습니다."

저쪽에서 일방적으로 전화를 끊어버리자 K사는 그제야 사태가 심상찮게 돌아가는 것을 깨달았다. 운송료 단가가 싸고 비싸고의 문제가 아니고, 이전에 발생했던 운송지연 정도의 문제도 아니었다. 같은 날 Z사 사장에게 전화가 왔다.

"우리는 YY라는 운송회사입니다. K사와 K사 사장이 귀사의 제품을 가지고 이상한 짓거리를 하고 있어요. 귀사가 알고 있는지 모르겠는데, K사는 귀사에서 오더를 받기만 하고 실제 운송은 우리가 다 하고 있소. 그런데 K사 사장이 개인적으로 우리에게 뒷돈을 요구하고 있고, K사는 운송 후 리베이트(Rebate: 거래 후 일부 금액을 되돌려주는 행위)도 요구하고 있소. K사는 도무지 우리가 거래할 수 없는 형편없는 회사이니 이후에는 우리와 직접 계약하여 물건 운송을 맡겨주는 것이 어떻겠소?"

"이보시오. 우리는 당신네가 어떤 회사인지도 모르고 같이 일을 한 경험도 없는데 어떻게 전화로 그런 제안을 하는 건지 모르겠지만, 우리와 계약한 회사는 K사인 만큼 운송 문제는 K사하고만 이야기할 작정이요. 그러니 이런 전화는 다시는 안 하는 것이 좋겠소."

"K사하고만 한다고 계속 고집하면 운송을 맡긴 물건에 문제가 생길 수 있소. 빨리 우리와 만나는 게 좋을 거요."

뭔가 이상한 낌새를 느낀 Z사 쭝징리는 K사에 전화하여 사정을 조사해봤다. 아니나 다를까, 운송을 맡은 K사는 그때까지도 물건의 소재조차 모르는 상황이었고, 중국 운송업체와 대금지불 문제로 다투고 있다는 사실을 알게 됐다. 다음날 중국의 YY사로부터 다시 연락이 왔다.

"만일 우리와 직접 계약을 하지 않는다면 당신네 물건을 시중에 내다 팔아서 K사에게서 못 받은 운송료를 보충하겠소."

"뭐라고요? 우리 물건에 손가락 하나라도 댔다가는 당신네를 절도죄로 고발하고 모든 민형사상 책임을 묻겠소."

Z사 쭝징리는 YY사가 K사로부터 못 받은 운송료를 받아내기 위해 물건을 인질처럼 잡아두고 Z사로 하여금 K사를 압박하게 하려는 심산이라고 생각했다. 그런데 2~3일 후 엄청난 이야기가 들려왔다. Z사 제품이 시중에 나돌고 있다는 것이었다. Z사 대리점에 난리가 났다. 대리점은 물건이 도착하지 않아서 팔 물건이 없는데 시중에는 딜러(대리점) 가격보다 20~30퍼센트가량 저렴한 Z사 물건이 유통되고 있다는 것이었다.

'어떻게 이럴 수가!'

설마 했던 일이 터졌다. 재하청 운송업체가 운송 중이던 물건을 시중에 무단으로 팔아버린 것이었다. 더욱 기가 막히는 것은, 운송을 맡은 물건을 마치 자기네 것인 양 경매에까지 붙여 팔아먹었다는 것이었다. 중국인의 행동은 간혹 이렇게 예측할 수 없을 정도로 무대뽀일 경우가 있다. 바로 그런 무대뽀를 당한 것이었다. 변호사의 이야기를 들은 Z사 사장은 더 기가 막혔다.

우선 형사고발을 통한 대응이 사실상 어렵다는 것이었다. 형사고발을 하려면 '불법침권죄'로 걸어야 하는데 불법침권죄는 개인간 형사소송의 대상이지 법인간 형사소송의 대상은 아니라는 것이었다. YY사의 행위는 법인인 K사로부터 운송비를 지급받지 못한 것을 이유로 한 '유치권'의 행사로 봐야 하기 때문에 법인간 문제이고, 이 경우 불법침권죄로 형사고발할 수는 없다는 이야기였다. 또한 현지 공안국은 확실한 형사사건이 아니면 관여하지 않으려 할 뿐만 아니라, 정황으로 미루어 보건대 현지 공안국과 YY사는 서로 잘 아는 관계여서 공안의 협조를 얻기도 힘들 것이라는 얘기였다.

민사소송 쪽은 어떨까? Z사가 K사와 YY사를 불법침권죄로 걸어 소송을 한다 해도 불법침권죄를 묻는 목적은 원래 물건을 찾는 데 있다. 그런데 물건은 이미 시중에 유통되고 있지 않은가? 또 재판에서 YY사에 유치권이 있다는 판결이 나올 수도 있고, 설혹 그렇지 않다는 판결이 나온다 해도 정상적인 경매를 통해 합법적으로 판매해버린 물건을 회수하기란 어렵다. 민사소송에 이겨서 물건 값에 해당하는 돈을 배상받을 수 있다는 판결을 얻어내도 YY사가 돈을 지불하지 않으면 그 판결을 집행할 도리가 없다(YY사도 트럭은 지입식이었다). 아마도 판결이 나오기 전에 YY사는 법인청산 신청을 해버릴 것이다. 그러면 어떤 판결이 나오든 아무 실효가 없다.

결국 Z사는 K사를 상대로 손해배상 청구를 하고, K사가 중국의 YY사를 상대로 소송을 진행하는 수밖에 없었다.

중국은 이런 곳이다. 조심하지 않으면 눈 뻔히 뜨고 당하는 곳이다. 한국에서는 소송을 하면 이길 것이 확실한 사건이라도 중국에서는 소송에서 이길 것인지가 불확실하다. 아니, 그런 사건도 소송을 하는 것 자체부터 쉽지 않다. 설혹 소송에서 이겨도 집행이 어렵거나, 집행을 해도 실익이 없는 경우도 많다.

더 기가 막히는 것은, YY사가 판매한 물건의 대금이 K사가 미지불한 운송료를 전부 충당하고도 많이 남는 금액이었는데도 YY사는 자기네가 유치권을 행사하여 경매로 판 물건 값으로는 운송료를 다 커버할 수 없다면서 모자라는 금액은 물론 경매와 재판에 소요된 경비까지 포함하여 거액의 손해배상 청구를 해왔다는 점이었다. 사람을 통해 알아본 바로는, 경매에 참가한 사람들 역시 YY사와 한 패거리로서 경매에서 물건을 아주 싼 가격에 구매했다고 한다.

한국의 K사는 중국의 YY사를 상대로 병합소송(K사가 YY사를 상대로 불법 침권죄를 주장하는 소송과 YY사가 K사를 상대로 손해배상을 요구하는 소송의 병합소송)을 진행 중이다. 그런데 이 재판에서 K사가 승소할 수 있을지가 여전히 불투명하고, 승소한다 해도 손실을 복구할 수 있을지는 더 불투명하다. Z사 제품에 대한 시장의 신뢰도가 떨어진 것에 대해서는 보상받을 방법이 없다.

시사점

K사는 중국에서 물류사업을 하는 회사다. 중국의 물류사업은 전망이 대단히 밝다. 중국이란 나라가 얼마나 넓은가? 동북부의 헤이룽장(黑龍江)성에서 남부의 광둥(廣東)성까지 비행기로 가도 3시간 넘게 걸린다. 그 넓은 나라에서 물품의 운송, 보관, 관리 등을 하는 물류사업은 다른 어느 사업보다 전망이 밝을 수밖에 없다. 그러나 전망이 밝은 만큼 경쟁도 치열하고, 사업의 성격상 험한 중국인들

과 직접 부딪혀야 할 일이 많은 것도 중국 내 물류사업의 특징이다.

키 포인트

첫째, 중국에서는 어떤 경우든 상대가 제시하는 가격이 저렴하다고 해서 섣불리 그 상대를 택해서는 안 된다. '싼 게 비지떡' 이라는 우리 속담이 잘 적용되는 곳이 중국이다.

둘째, 현장을 확인하고 관리하는 일을 소홀히 해서는 안 된다. 이 사건에서도 물건의 출발과 도착을 현장에서 실시간으로 점검하고 조사했다면, 물건을 탈취당했더라도 그 양이 트럭 몇 십 대분이 아니라 한두 대분 정도에 그쳤을 것이다. 그랬다면 사건이 그 정도로 대형화, 장기화되지 않았을 것이다.

셋째, 중국인은 간혹 무대뽀로 나올 수 있다는 것을 알아야 한다. 우리가 보기에는 그야말로 무대뽀이지만, 그 속에 오랫동안의 계산에 입각한 치밀함이 있음을 잊지 말아야 한다. 이 사건에서도 상대가 소송을 제기하기가 어렵고, 소송을 하여 재판이 시작된 뒤에는 물건이 이미 시중에 다 팔려나가 없게 되고, 재판에서 져도 법인청산 신청을 하면 된다는 점 등이 계산에 들어갔을 것이다. 또한 정식 경매로 물건을 팔 수 있다는 점과 관련된 두 회사가 다 외국 회사라는 점도 고려됐을 것이다. 사전에 치밀한 연구가 있었다는 얘기다.

넷째, 중국에서 한국 업체들끼리 거래하는 경우에 제3의 중국 회사가 중간에서 문제를 일으키면 한국 회사들은 모두 외국 회사여서 대처하는 데 한계가 있음을 생각하여 미리 대비를 해두는 게 좋다. 아울러 중국에서 사업이나 경영을 하려면 힘 있는 중국인들과의 관계를 유지하는 데 게을리 하지 말아야 함을 다시 한번 강조한다. 그래야만 어려울 때 그들의 도움을 받을 수 있다.

12

관시(關係) 역이용하기

L사는 한국의 유수한 종합상사로서 중국 업체들과의 거래가 많다. 거래 품목 중에는 냉동 수산물도 있다. L사는 랴오닝성(遼寧省) 다롄(大連)에 있는 N사와 수출계약을 맺고, 대금은 신용장을 개설해 지불하기로 했다. 신용장은 즉시지불 신용장(일람출급 신용장, At Sight L/C)을 요청했지만 수입업자의 간절한 부탁에 따라 수입업자의 자금사정을 고려하여 기한부 신용장(Usance L/C)을 수락했다.

L사는 N사와 두 건의 계약을 통해 90일 기한부의 미화 50만 달러 신용장과 120일 기한부의 미화 90만 달러 신용장을 열기로 했다. 이 정도의 기간이면 수입업자가 물건(냉동 수산물)을 수입, 통관하여 중국 내 시장에서 판매하고 그 대금을 받아 L사에 지불하는 데 충분한 시간이기 때문이었다. 그 대신 중국의 5대 은행 중 하나인 S은행 다롄 지점에 신용장을 개설하는 데 합의했다.

모든 것이 계약대로 진행됐다. L사는 물품 선적을 완료한 후 S은행 다롄 지점 앞으로 환어음을 발행했고, S은행은 통지은행인 한국의 W은행에 환어음 매입을 요청했다. W은행은 서류를 검토해보니 어떤 하자도 발견되지 않았으므로 정상적인 절차에 의해 2건의 수출 환어음을 매입했다. W은행은 중국 다롄의 S은행으로부터 '아무런 이의 없이 만기일에 지불 의무를 이행하겠다' 는 통지를 스위프트(SWIFT; 국제은행간통신협회 망)를 통해 받았고, 이어 W은행은 대금을 L사에 지불(할인 후)했다.

두 달 정도가 지난 후 N사가 L사에 연락을 하여 급히 만나자고 했다. 추가 오더를 상담하려는 게 아닐까 하는 기대를 갖게 된 L사는 중국 다롄에 직원을 급파했다. 그런데 그게 아니었다.

"물건이 약속했던 것과 다른 것이 선적됐어요. 어찌된 노릇이지요?"

"뭐라고요? 그런 말도 안 되는 이야기를 어떻게 할 수 있지요? 당신네가 물건이 선적되기 전에 검사를 했고 물건이 통관된 지도 벌써 두 달이 지났는데 지금 와서 물건이 다른 것이라고 하다니요. 도무지 이해할 수 없는 이야기군요."

"우리가 아무런 하자도 없는 물건을 가지고 당신네를 중국에까지 오도록 했겠소? 분명히 우리가 검사할 때 봤던 물건과 다른 것이 도착했소. 그 경위는 우리도 알 수가 없소."

L사는 N사의 말도 안 되는 주장을 놓고 몇 시간 언쟁한 끝에 타협안을 제시했다.

"좋소. 그렇다면 우선 물건을 보여주시오. 만일 당신네 말처럼 물건에 하자가 있다면 우리도 보상 문제에 대해 적극성을 가지고 임하겠소."

"물건은 이미 다 팔렸소. 당신네도 알다시피 지금까지 물건을 놔두었다면 냉동창고 보관비용이 엄청나게 많이 나왔을 것이오. 물건을 냉동창고에 놔두었다 해도 두 달이 지나면 건조되어 큰 하자가 생기기 때문에 물건을 처분하지 않을 수 없었을 것이오. 그 대신 사진을 찍어 놓았소. 사진을 보면 상자에 당신네 브랜드가 찍혀 있는 물건에 하자가 있음을 분명히 알 수 있을 테니, 사진을 보고 판단해 주시오.”

그러면서 내놓은 사진에서는 L사의 상자와 하자가 있는 물건이 아무렇게나 뒹굴고 있었다. 그러나 L사는 그런 상품을 선적한 적이 없었다.

“이것은 우리가 보낸 물건이 아니오. 우리는 이런 물건을 보낸 적이 없소. 이런 물건은 한국의 세관에서도 수출 허가를 내주지 않소.”

그러나 N사 측은 그 형편없는 물건이 L사가 보낸 것이 분명하다고 막무가내로 우기더니 다음과 같이 말했다.

“물건은 이미 다 팔렸으니, 대금을 50% 이상 깎아 주시오. 차액은 당신네가 은행을 통해 먼저 T/T(전신환 송금)로 지불해 주면 우리도 당신네 L/C를 결제하겠소.”

L사로서는 어이가 없어 말도 나오지 않았다. 물건의 매매를 상담하고 신용장을 개설한 시점부터 두 달이 지나는 동안 시장가격이 폭락하자 그러는 것이 분명했다. 자기네(N사)가 이익을 남길 수 있을 것으로 예상하고 수입한 물건의 시장가격이 폭락하여 오히려 손해를 입게 되자 엉뚱한 트집을 잡아 손해를 벌충하려는 것이었다. 얄팍한 마켓 클레임(Market Claim: 주로 시장가격 하락으로 인한 손해를 회복하려고 부당하게 제기하는 클레임)임이 자명했다. 더구나 먼저 T/T를 보내라니, 그것도 말도 안 되는 소리였다. L사는 W은행에 이미 환어음을 매입시켰고, W은행은 중국 다롄의 S은행으로부터 대금지불 확약까지 받았다. L사로서는 답답할 이유도 없고 마켓 클레임에 응할 이유도 없다고 생각했다.

L사 측이 상담이랄 것도 없는 언쟁을 끝내고 자리를 뜨려고 하자 N사 측은 깎아달라는 비율을 50% 이상에서 30% 이상, 그 다음에는 15% 이상으로 내리면

서 L사 측을 붙잡았다. 그러나 L사 관계자는 단돈 1달러도 깎아줄 수 없음을 분명히 한 후 그날로 한국으로 귀국했다.

그로부터 며칠 후, 이번에는 환어음 결제 연기를 요청하는 다롄 S은행의 공문이 한국 W은행으로 날아왔고, W은행은 당연히 거절했다. 문제는 결제일(Due Date)에 W은행으로 한 푼도 들어오지 않은 것이었다.

"이런 말도 안 되는 일이 벌어진다는 게 이해가 안 됩니다. S은행이라면 중국의 5대 은행 중 하나인데, 어떻게 스위프트(SWIFT)로 약속을 해놓고 돈을 송금하지 않을 수 있는지 모르겠습니다. 우리 입장에서도 가만히 있을 수 없어 S은행에 강력한 항의 메시지를 보내겠지만, 당신네도 수입자에게 강력한 항의 메시지를 보내시기 바랍니다."

W은행은 L사에 이렇게 알려왔다. 이어 며칠 후 W은행에서 만나자고 하여 L사 관계자가 W은행을 방문했다. 거기서 그는 W은행에 도착한 이상한 문건을 보았다. 그 내용은 다롄의 N사가 중국 지방법원에 '한국의 L사가 사기 수법으로 중국의 외환을 편취했으니 신용장 지급정지 조치를 취해달라' 는 내용의 청원서를 제출했고, 법원은 사실을 확인할 때까지 신용장을 동결한다는 명령을 내렸으며, 이 명령이 S은행에 전달되어 S은행은 설사 대금을 결제하고 싶어도 결제할 수 없게 됐다는 것이었다.

한국의 W은행과 중국의 S은행 사이에 공방이 시작됐다. W은행은 "신용장에 관한 국제관례상 수출입자간 매매계약과는 관계없이 인수된 환어음은 결제돼야 하는 것이니 원금과 이자를 조속히 결제해달라"고 요구했고, S은행은 "중국 은행으로서 중국 법을 따르지 않을 수 없으니 중국 법원의 동결 명령이 해제될 때까지 기다려달라"고 응답했다. 이런 공방은 지루하게 반복됐다. S은행은 실제로 중국 법원에 동결 명령의 부당성을 지적하면서 S은행 자신과 국가의 국제 신용도 문제를 들어 동결 명령을 해제해줄 것을 법원에 요청했고, 그렇게 요청한 공문의 사본을 W은행에 보내왔다.

그러나 어찌됐든 법원의 동결 명령은 장기간 해제되지 않았고, 이로 인해 물건 대금도 들어오지 않았다. 급기야 W은행은 한국의 L사에 수출 환어음 매입 대금 환불을 요청하기에 이르렀다.

L사로서는 기가 막힐 노릇이 아닐 수 없었다. L사는 W은행과 공조하여 중국의 S은행을 상대로 소송을 제기하는 방안을 검토했다. 그러나 시간과 비용의 문제도 있는 데다가 W은행의 입장에서 중국의 5대 은행 중 하나인 S은행과의 관계를 고려하지 않을 수 없었다. 결국 소송 제기는 현명하지 못한 방법이라고 판단됐다. W은행은 이 사건의 본질은 물건의 하자 여부에 있는 만큼 L사가 문제를 해결해 주기를 바라는 방향으로 입장을 정리했다. 그러는 와중에 중국 다롄의 수입업체 N사는 오히려 기세등등했다.

"처음에는 우리도 15% 정도 할인받는 선에서 합의를 해주려고 했으나 귀사가 동의하지 않아서 사태가 이렇게 발전했다. 그동안 비용도 엄청나게 들어간 만큼 이제는 50% 할인이 아니면 어떠한 합의도 해줄 수 없다. 50% 할인에 동의해주면 법원이 동결 명령을 해제하도록 힘써보겠다. 이에 동의하지 않는다면 나머지 50%의 돈도 되찾기가 쉽지 않을 것이다."

이런 통보를 받은 L사는 마지막 판단을 내려야겠다고 생각했다. 중국에 가서 N사를 상대로 이길 수 있을지가 불투명할 뿐더러 더 기가 막히는 일을 당하게 될지도 모르는 소송을 해야 할지도 판단해야 했고, 중국 법원에 외환과 관련하여 무고함을 정식으로 주장해야 할지도 결정해야 했다. L사 관계자는 그 마지막 판단을 하기 직전에 나를 찾아왔다. 나는 조언을 아끼지 않았다.

"요새는 중국에서 그리 흔하지는 않게 됐지만, 지방에 있는 중국 회사와 거래할 때 가끔 발생하는 일이군요."

"뭐라고요? 이런 일을 당한 회사가 우리 말고도 또 있다는 말입니까?"

"예, 가끔 보았습니다."

"재판이 아니고 달리 해결할 방법이 있습니까?"

"이렇게 한번 해보시지요. 문제를 확실하게 해결할 수 있는 방법이라고 100% 장담할 수는 없지만, 효과는 있을지도 모릅니다."

L사 관계자는 나의 조언을 듣고 한국으로 돌아갔다. L사는 우선 자사 안에서 중국의 S은행과 관련이 있는 비즈니스를 하는 것이 있는지 찾아보았다. 종합상사는 워낙 규모가 크기 때문에 팀이나 본부 각각이 독립적인 작은 회사 같아서 이 팀이나 본부가 하는 일을 저 팀이나 본부가 모르는 경우가 아주 흔하다. 찾아보니 중국의 산둥(山東)지방에 투자하는 일이 진행되고 있는데 이 일과 관련하여 1억 달러나 되는 투자자금을 S은행의 산둥 지점에 예치해 놓고 있었다. 한국 기업이 중국에 투자하는 경우에 투자자금은 반드시 중국 은행에 일단 예치해야 하는데, 중국 은행으로서는 이런 자금 예치가 큰 이권 중 하나다. L사는 즉시 산둥에 파견 나가 있는 프로젝트 담당 임원에게 연락했다.

"실제로 그렇게 하지는 않아도 좋다. 이렇게 겁만 좀 줘 달라. '당신네 은행의 다롄 지점이 말도 안 되는 행위를 하여 우리 회사의 본사가 크게 화가 났다. 어쩌면 예치금을 다른 은행으로 옮겨야 할지도 모르겠다.'"

그 다음에는 중국 런민은행(人民銀行: 한국의 한국은행과 같은 중앙은행으로, 중국 은행들의 업무를 관리감독하는 일도 한다)에 이렇게 통보했다. "S은행 다롄 지점의 행위에 대해 엄중히 항의한다. 이는 외교 문제로 비화할 수도 있다. 우리는 국제은행연합회에 이번 일을 보고할 준비를 하고 있다." 런민은행에 통보한 내용을 S은행 다롄 지점에도 보냈음은 물론이다.

사흘 후 두 건의 신용장에 대한 원금은 물론 그간의 이자까지 다 입금됐다. 이렇게 쉽게 풀리는 문제를 근 1년 가까이 해결하지 못해 끙끙댔던 것이다. 중국 S은행 산둥 지점은 L사 관계자에게서 들은 것을 본점에 보고했고, 이에 본점이 다롄 지점을 문책했으며, 중국 런민은행이 다롄 지점에 대해 감사를 개시했다는 이야기를 얼마 지나지 않아 듣게 됐다.

시사점

신용장(L/C, Letter of Credit)은 무역 거래에서 상품 수출입과 대금 수수를 원활하게 하기 위해 사용되는 것으로, 수입업자(신용장 개설 의뢰인)의 요청에 따라 수입업자의 거래은행인 신용장 개설 은행이 수출업자가 발행한 환어음의 결제를 보증하는 증서다. 따라서 신용장은 계약서인 동시에 일종의 어음으로 간주되기도 한다.

신용장의 특성 중 가장 중요한 것은 독립성이다. 즉 신용장은 매매계약에 근거하여 작성되지만, 일단 신용장 개설이 이루어진 뒤에는 매매계약으로부터 독립된다. 국제적인 '신용장 통일규칙' 3조를 보면 "은행이 책임지는 지불, 환어음의 인수와 지급 또는 신용장에 부수되는 기타 모든 의무의 이행은 개설 의뢰인(수입상)과 개설 은행 또는 수익자(수출자)의 관계에서 발생되는 손해배상 또는 항변의 구속을 받지 않는다"고 돼있다. 이는 수입상이 신용장 상의 조건과 실제 물건이 다르다고 해서 대금 지급을 지연하거나 취소할 수 없다는 것을 의미한다.

이렇게 하는 것은 은행의 입장에서는 신용장 상의 조건과 물건을 일일이 직접 확인할 수 없어서 신용장 상의 조건대로 물건이 갖추었는지 여부를 신용장에 첨부된 서류만 보고 판단할 수밖에 없다는 데도 이유가 있다. 즉 은행은 서류상의 거래를 하기 때문이며, 상품 거래의 지식이나 경험이 없는 은행을 수출업자와 수입업자의 매매계약으로부터 보호하여 신용장 거래를 원활히 하기 위해서이기도 하다. 극단적인 예로, 금(金) 대신 돌(石)을 선적하고 신용장에 금이라고 표시한 경우에도 서류만 보고 판단을 하는 은행으로서는 다른 모든 서류에도 금이라고 표시돼 있다면 그것을 금으로 판단하여 금값을 지불할 수밖에 없다는 논리도 성립한다. 실제로 신용장을 위조하여 돈을 편취하거나 엉뚱한 화물을 선적하고 신용장 부대서류를 조작하여 사기를 치는 사건이 더러 발생하기도 한다.

여기까지는 수출입을 하는 사람이면 누구나 잘 아는 내용이다. 그러나 신용장의 독립성 원칙이 중국에서는 법원 등 국가기관의 횡포로 인해 제대로 지켜지지 않는 경우가 없지 않다는 사실은 모르는 사람이 적지 않다. 이 점과 관련해 알아두어야 할 것들이 있다.

첫째, 중국의 민사소송법에도 재산보전 제도가 있는데, 이 제도가 악용되는 경우가 많다. 사건의 이해관계자는 소송을 제기하기 전에 담보를 제공하고 재산보전 조치를 신청할 수 있다. 그런데 많은 중국 수입상들이 이 제도를 악용하여 소송을 제기하겠다면서 법원에 재산보전 신청을 하고 그 일환으로 신용장 동결을 요청하며, 그러면 법원이 받아들인다. 법원은 '신용장 통일규칙' 같은 것에는 신경을 쓰지 않는데, 이런 현상은 지방법원으로 갈수록 심하다.

둘째, 지방 무역회사(특히 정부 소속 무역회사)의 법적 대표가 동시에 지방의 당 간부인 경우가 많다. 지방에서는 당 서기와 당 조직위원회가 인민법원과 인민검찰원의 인사와 재정에 관한 사항을 결정한다. 이런 구조 아래에 있으니 지방법원이 그 지방의 당이나 정부로부터 자유로울 수가 없다. 지방법원도 무엇보다 그 지방의 이익이나 이해관계에 관심을 가질 수밖에 없다.

셋째, 중국 회사가 지방법원으로 하여금 신용장 동결 명령을 내리게 하기도 하지만, 상대 회사를 공안이나 지방검찰 등에 '경제사기죄' 혐의로 고발하여 공안기관으로 하여금 신용장 동결 명령을 내리게 하는 경우도 있다.

넷째, 위와 같은 방식으로 법원이나 공안기관으로 하여금 신용장 동결 명령을 내리게 하고, 신용장 개설 은행에 그 집행에 대한 협조를 요청하고, 은행은 이에 근거해 환어음 지급을 거절하는 경우에는 어떻게 해야 할까? 중국에서 이런 일을 당하면 관련된 소송이 종결될 때까지 기다리든지, 아니면 이의신청 등을 통해 신용장 동결 명령을 취소하거나 해제하는 결정을 받아내야 한다. 그러나 그렇게 하는 데 얼마나 많은 시간이 걸릴지, 그리고 그렇게 하는 것이 얼마나 효율적인지는 아무도 모른다. 지방으로 갈수록 더욱 그렇다.

키포인트

첫째, 중국 회사와 처음 거래할 때에는, 특히 그 회사가 지방에 있을수록 그 회사의 신용에 대해 면밀히 조사해봐야 한다. 또한 첫 거래인만큼 기한부 신용장보다는 즉시지불 신용장을 요구해야 한다.

둘째, 중국 수입업자의 거래은행이 중국 지방은행인 경우에는 가능하면 중도에 확인은행(Confirm Bank)을 끼워 넣는 것이 말할 것도 없이 더 좋다. 그러나 비용 등의 문제로 인해 중국 측이 이를 받아들이게 하기가 쉽지 않다.

셋째, 중국의 법정에서 다툴 때 이기기도 쉽지 않지만, 이겨도 집행이 또 쉽지 않다. 법으로 다투기 전에 중국 측이 가장 무서워하는 것이 무엇인지를 알아보는 것도 좋은 방법이다. 특히 중국 회사에 압력을 행사할 수 있는 중국 내 기관으로 무엇이 있는지를 살펴보는 것이 대단히 중요하다. 이 장에서 소개된 사건의 경우에는 본점과 런민은행이다. 중국 은행은 우리나라 은행처럼 상당한 독립성과 재량권을 가지고 있지 않다. 싸우지 않고 이기는 것이 가장 좋은 방법이 아닌가.

13

아뿔싸, 중재가 더 시간이 걸리네!

앞에서 본 여러 사례들을 통해서도 알 수 있지만, 중국에서 소송을 해봐야 아직은 법원이 외국인에 대해 공정한 판결을 내려주기를 기대하기 어렵다. 그렇다면 분쟁이 서로 간에 원만히 해결되지 않을 경우 소송이 아닌 다른 해결 방법은 없을까? '중재'가 있다. 중재의 실태는 어떠한가? 실제 사례를 통해 알아보자.

한국의 M물산은 중국의 조그만 도시인 P시에 있는 Y공사(국유기업)에 섬유원단 100만 달러어치를 판매하기로 계약을 체결했다. 대금은 선적 전에 물건값의 절반을 전신환 송금(T/T)으로 받고, 나머지 절반은 물건 도착 후 60일 이내에 역시 전신환 송금으로 받기로 했다. 또한 분쟁이 생기면 원만하게 해결하도록 노력하되 합의가 안 되면 P시에 있는 중재위원회의 중재를 통해 해결하기로 했다. 그 중재위원회의 중재 판정을 최종 결론으로 받아들이기로 한 것이다. M물산은 과거에 소송으로 분쟁을 해결한다는 내용의 계약을 체결했다가 소송이 2

년 이상 계속되면서 고통을 겪은 바 있었기에 중재 제도를 이용하자는 상대의 제의에 응했다. 중재위원회의 중재는 단심 재판과 같아 판정 한 번으로 모든 것이 결정 난다는 데 끌린 것이었다. 게다가 Y공사는 5년 이상 거래해온 회사였기에 큰 문제가 없으리라고 생각한 점도 있었다.

그런데 물품 선적 후 약 30일 만에 뜻밖에도 Y공사로부터 제품의 하자를 이유로 가격을 할인해 달라는 요청이 왔다. M물산은 거절했고, 이후 두 회사 사이에 몇 번 교신이 이루어진 끝에 결국 교신이 중단됐다. 그로부터 약 30일 후 P시의 중재위원회에서 출두하라는 공문이 날아왔다. 중재 판정이 내려질 때까지는 대금의 50%에 해당하는 미지급분의 지급은 보류된다고 했다.

M물산 관계자가 중재위원회에 가보니 3명의 중재원이 앉아 있었다. M물산 관계자와 Y공사 관계자는 그들 앞에서 마주 앉았다. 심문 과정은 법원과 유사했다.

"M 물산은 하자가 있는 물건을 선적한 적이 있습니까?"

"없습니다."

"없다는 증거를 제시할 수 있습니까?"

"예. 한국의 정부기관인 세관에서 선적 전 검사를 마치고 제품에 이상이 없다고 확인해준 서류가 있습니다."

"그것을 증거로 제시하실 겁니까?"

"그렇게 하겠습니다."

증거물을 건네받은 중재원들이 그것을 서로 돌려가며 본 다음 Y공사 측에도 보여주었다.

"Y공사 측은 M물산 측의 주장에 대해 어떻게 생각하십니까?"

"우리로서는 한국의 정부기관을 믿을 수가 없습니다."

“Y공사는 물건의 품질에 하자가 있음을 증명할 증거가 있습니까?”

“예. 있습니다.”

“무엇입니까?”

“사진도 있고, 하자 있는 물건의 샘플도 있습니다. 증거로 제시하겠습니다.”

중재원들은 이번에도 증거물로 제시된 사진과 샘플을 돌려가며 본 뒤 M물산 측에도 보여주었다.

“M물산 측은 이것에 대해 주장하고 싶은 바를 이야기하셔도 좋습니다.”

“사진에 찍힌 물건은 우리 물건이 아닌 것이 틀림없습니다. 그런 색상의 물건을 선적한 적이 없습니다. 샘플이라고 제시된 것도 우리가 선적한 것과는 다릅니다.”

사진 속 물건과 샘플이 M물산이 선적한 것이 맞느니 아니라느니 하는 공방이 한동안 진행됐다. 중재원들은 양측의 공방을 지켜보며 필요한 질문을 하는 데 그쳤다.

“오늘은 이만 하겠습니다. 다음 일정은 별도로 통보하겠습니다. 그 사이에 새 증거가 나오면 별도로 보내주셔도 되고, 다음 번 중재 때 가지고 오셔도 됩니다.”

법원에서 진행되는 소송보다는 상당히 부드럽고 합리적이었다. 변호사를 통해 알아본 바로는 중재원 3명은 모두 대학교수라고 했다. 어쨌든 중재위원회에서 위와 같은 식의 공방이 몇 차례 이어졌다.

그러던 중 M물산이 결정적인 증거를 찾아냈다. 물건이 중국에 도착하고 나서 통관될 때 중국 검사기관이 Y공사에게 발급한 ‘검사합격서’였다. M물산은 이것을 증거로 제출했고, 그 직후 열린 중재에서 중재원들은 2 대 1로 M물산의 손을 들어주었다. 변호사의 말에 따르면 중재원들이 별도로 세관에 그 검사합격서를 발급한 것이 사실인지를 확인했을 것이라고 했다.

어쨌든 중재에서 이긴 M물산은 대금 지급을 기다렸다. 그러나 지정된 기일 안에 대금이 들어오지 않았다. M물산은 P시의 중급인민법원에 강제집행 신청을 냈다. 그러나 법원은 그 뒤로 6개월 넘게 강제집행 여부에 대한 결정을 내리지 않았다. 그러더니 어느 날 중재위원회의 비협조 때문에 강제집행 결정을 유보한다는 법원의 결정이 나왔다. 어이없는 일이었다.

M물산은 다시 상급 법원인 성(省)의 고급인민법원에 이 사건을 제소했다. 그러나 성 고급인민법원도 결정을 1년이나 미루다가 '강제집행 결정 유보 판정을 유지한다'는 판정과 함께 수도인 베이징에 있는 최고인민법원에 의견을 조회하겠다는 내용의 공문만 보내왔다. 원래 중국의 민사소송은 2심제다. 그러나 이런 경우 고급인민법원이 최고인민법원에 의견을 구할 수는 있다. 그러나 문제는 최고인민법원이 그에 대한 의견을 제시하기까지 걸리는 시간에 제한이 없다는 데 있다. 언제 의견 제시를 할지 모른다는 것이 문제인 것이다. 최종 의견 제시가 이루어질 때까지 1~2년 걸리는 것은 보통이다.

앞에서 여러 번 언급했다시피, 중국의 지방법원은 그 지방 공무원들과 한통속이다. 우리로서는 이해할 수 없는 일이지만, 심지어 행정부 소속의 지방공무원이 법원으로 발령 나기도 하고, 사법부 소속의 법관이 행정부로 발령 나기도 한다. 실제로 나는 우리 변호사가 소송을 맡은 재판장과 전화로 잡담을 하거나 저녁을 같이 먹는 것을 목격하기도 했다. 그러니 어떻게 공정한 판정을 기대할 수 있겠는가?

M물산이 마지막으로 취할 수 있는 방법으로는 주중 한국 대사관에 호소하는 길밖에 없다. 그러나 주중 대사관도 이런 일에 나서기는 아주 꺼린다. 조그만

한국 업체가 중국 업체와 사업 문제를 가지고 다투는 것을 국가 대 국가의 차원에서 다루는 데는 한계가 있고, 나선다 해도 그 이유와 명분을 설명하기가 어렵다. 어쨌든 사법부에서 다뤄지는 문제가 아닌가.

그 후 이 사건이 원만히 해결되었다는 소식은 들려오지 않았다.

시사점

중재란 분쟁이 생겼을 때 분쟁 당사자 간 합의에 의해 비사법기구인 중재위원회에 판정을 의뢰하고 그 판정의 구속력을 당사자들이 인정하는 분쟁해결 방식이다. 중재의 특징은 다음과 같다.

첫째, 소송과 달리 한 번으로 끝난다. 그렇기 때문에 당사자들이 중재 판정에 수긍한다는 전제가 성립한다면 분쟁을 신속하게 해결할 수 있는 방법이다.

둘째, 중재를 하는 중재원(심판관)으로는 보통 3명이 선임된다. 3명 중 2명 이상이 손들어주는 쪽이 승소하는 셈이다. 중재원은 직업적인 법관이 아닌 사람 중에서 해당 분야의 전문가인 사람들로 구성되며, 대학교수가 선임되는 경우가 많다. 중재위원회는 많은 수의 중재원 후보들을 확보해두었다가 어떤 사건에 대한 중재가 개시되면 그 후보들 중에서 전문분야가 맞는 3명을 중재원으로 선정한다. 원고 측에서 1명, 피고 측에서 1명, 중재위원회 측에서 1명을 각각 선정하는 것이 보통이다. 중재원을 선정할 때 대개는 양 당사자가 변호사를 통해 선정하는데, 변호사가 자기와 친분관계가 있는 사람을 추천한다. 따라서 양측에서 선정하는 중재원은 각각 양측의 입장을 대변하기 쉽고, 결국 중재위원회에서 선정하는 중재원이 판정을 좌우하는 중요한 위치를 차지한다.

셋째, 중재를 이용하기 위해서는 양 당사자가 애초 거래계약에 '분쟁이 발생할 경우 중재로 해결한다'고 합의하여 명기해야 한다. 구체적으로 어느 중재 기구를 이용할지 등에 대해서도 사전에 합의해 두어야 한다.

중국에서 중재는 소송 시 재판에서 나타나는 지방 보호주의와 재판관의 자질 문제 등을 고려할 때 외국인에게는 소송에 비해 많은 이점과 유연성을 가지고 있다. 이런 관점에서 보면 외국인에게는 소송보다 중재에 의한 분쟁 해결이 그래도 공정한 판단을 기대할 수 있다는 점에서 유리하다고도 할 수 있다. 그러나 중재로 분쟁을 해결하는 방법에도 문제가 있다. 상대가 중재 판정에 불복하는 경우가 그렇다.

중재 판정에 불복하는 당사자는 소재지 중급인민법원에 이의를 제기할 수 있다. 그리고 법원은 몇 가지 경우, 즉 '중재 합의가 없는 경우', '중재 사항이 중재 합의 범위에 속하지 않는 경우', '중재 절차나 중재 판정부 구성이 법정 절차를 위반했을 경우', '중재 판정의 증거가 위조 혹은 은폐된 경우', '중재인이 뇌물을 받았거나 법을 어긴 판정을 했을 경우', '사회 공공의 이익에 위배되는 경우' 등에는 중재 판정을 취소할 수 있다. 이 때문에 판정에 불복하는 당사자가 방금 열거한 경우에 억지로 끼워 맞춘 사유를 만들어 중급인민법원에 이의를 제기하곤 한다. 수도인 베이징이나 상하이 같은 대도시에 있는 중재기구에서는 억지로 만들어낸 사유가 기각되는 경우가 많지만, 지방으로 갈수록 억지 주장이 받아들여질 위험이 없지 않다. 이런 경우에는 중재가 오히려 소송보다 문제 해결에 더 많은 시간이 걸릴 수도 있다.

중재 판정은 양 당사자에게 구속력을 갖는다. 즉 중재 판정에 따라 재산동결, 강제집행 등이 이루어지는 것은 소송에서 법원의 판결이 나온 경우와 같다. 따라서 중재에서 진 당사자가 중재 판정을 이행하지 않으면 중재에서 이긴 당사자가 인민법원에 강제집행을 신청할 수 있다. 원칙적으로 인민법원은 중재집행 신청이 들어오면 즉시 집행을 실시해야 한다. 그러나 피신청인도 몇 가지 경우, 즉 '중재 합의가 없을 경우', '중재인이 법을 어긴 판정을 한 경우', '중재 합의의 범위에 속하지 않거나 중재 권한이 없는 사안일 경우', '중재 판정부의 구성이 법을 위반한 경우', '인정한 사실에 대한 증거가 부족한 경우', '법률 적용에 명백한 오류가 있는 경우' 등에는 집행금지 신청을 할 수 있다. 이런 신청에 대해서는 법원이 심사 후 집행 가부를 결정한다.

결국 패소한 측이 끝까지 승복하지 않는 경우에는 법원에서든 중재위원회에서든 합리적인 판정이 내려졌더라도 당사자가 다시 소송과 강제집행 절차를 밟아야 하는 위험이 항상 도사리고 있다. 나 자신의 경험에 따르면, 앞에서도 잠깐 언급했지만 수도인 베이징이나 상하이 등 대도시의 중재기구는 대체로 합리적으로 판정하고, 패소자가 억지 주장을 하며 다시 소송을 제기하거나 강제집행 중지 신청을 해도 법원이 중재위원회의 판정을 존중한다. 그러나 지방으로 갈수록 민사소송도 마찬가지이지만 중재도 공정한 판정을 내려주기를 기대하기 어렵다(그래도 물론 소송보다는 중재에 공정한 판정을 기대할 수 있다). 게다가 중재에서 승소해도 다시 민사소송으로 가게 되는 경우가 많고, 그렇게 되면 지방주의가 개입하여 집행에 시간이 많이 걸리거나 원 판정이 뒤집힐 가능성도 있다.

애초에 계약을 맺을 때 나중에 이용할 중재위원회를 아주 구체적으로 규정해야 한다. '지린성(吉林省) 중재위원회', '장쑤성(江蘇省) 중재위원회', '산둥성(山東省) 중재위원회', '계약지 중재 위원회' 등으로 규정하면 안 된다. 이보다 더 구체적으로 적시해야 한다. 지린성의 경우에는 창춘(長春) 시의 중재위원회인지, 지린(吉林) 시의 중재위원회인지를 분명히 해야 하고, 장쑤성의 경우에는 난징(南京) 시의 중재위원회인지, 쑤저우(蘇州) 시의 중재위원회인지를 분명히 해야 한다. 베이징과 상하이의 경우에도 '베이징(또는 상하이) 중재위원회'

로만 지정하는 것으로는 부족하다. 이 두 도시에는 무역중재위원회와 국제경제 무역중재위원회 등 2개의 중재기구가 있다. 그러므로 이를테면 '상하이에 소재한 상하이 국제경제무역중재위원회', '베이징에 소재한 베이징 무역중재위원회' 라고 구체적으로 명확히 규정해야 한다.

여기서 한중 간에 국가 간 중재에 관한 협약이 체결돼 있다는 사실을 강조해두고 싶다. 나는 중국 측과 계약을 할 때 이 협약을 자주 활용했다. 이 협약은 중국국제경제무역촉진회와 대한상사중재원 사이에 체결된 것으로 '피소인의 나라' 를 중재 관할지로 하도록 돼있다. 특히 이 점에서 나는 중국 측과 계약을 맺는 한국인에게 이 협약을 활용하기를 권하고 싶다. 한국 측에서 중재위원회에 가서 다투어야겠다고 생각하면 피소인의 거주지인 중국으로 가야 하긴 하지만 한국 사람은 마음만 먹으면 중국으로 가는 데 큰 문제가 없으며, 중국으로 가서 이길 수도 있다(특히 관할지가 대도시인 경우에). 그러나 중국 측은 '한국에 가면 반드시 진다' 는 생각이 강하다. 중국 정부기관의 회사인 경우에는 경비처리도 문제가 된다. 그래서 분쟁이 생겨도 중국 측은 실제로 한국에까지 와서 중재위원회에 제소하기보다는 그 전에 합의하거나 포기하는 경우가 많다. 그래서 애초부터 중국인은 이 방법을 선호하지 않지만, 한국인의 입장에서는 계약을 할 때 이 방법의 룰이 공평하니 이 방법을 취하자고 주장할 수 있다.

키 포 인 트

첫째, 이 사건은 판결을 빨리 얻어내려다가 오히려 문제 해결이 더 늦어지고 있을 뿐 아니라 잘못하면 집행 자체가 안 될 수 있는 일이 돼버렸다. 소송 대신 중재를 선택하는 것은 중재 판정에 따를 만한 상대와의 계약에서만 해야 한다. 대도시에 소재한 회사나 규모가 큰 회사와의 계약에서만 소송 대신 중재를 선택하고, 중재 판정을 최종 결론으로 삼는다는 내용을 계약에 명기해야 한다.

둘째, 아무리 오래 거래를 했고 믿을 수 있는 상대라도 안심해서는 안 된다. 이 사건은 품질 불량을 거론한 것 자체가 말도 안 되는 마켓 클레임이다. 그런데도 한국 측이 당할 수밖에 없었던 것은 상대인 중국 측을 너무 믿은 탓이었다. 많은 한국 업체들이 한국에서의 경험만을 생각하여 오래된 거래처라는 이유로 '물건 대금의 일부만 우선 받고 나머지는 선적 후 얼마 있다가 받는다' 는 조건을 수락한다. 그런데 이렇게 하는 것은 '나머지 돈은 안 받아도 좋다' 는 말과 같은 게 될 가능성이 높다.

셋째, 이 사건에서 처음에 중국 측이 문제를 제기했을 때 그 문제를 좀 더 무겁게 보고, 상대의 말도 안 되는 주장에 대해서도 다음 거래에서 일부 보상해주겠다고 하는 등 손해가 나지 않는 범위 안에서 유연하게 대응할 필요가 있지 않았나 하는 게 내 생각이다.

넷째, 이 사건은 한국 측에서 중재 제도에 대해 너무 공부를 안 한 데다가 '한 번에 문제를 해결한다' 는 단순한 생각으로 임했던 것에도 문제가 있었다.

14

파트너에게 회사를 강탈당할 수도 있다

한국 기업인 N사는 랴오닝성(遼寧省)의 작은 도시에 있는 S사와 합자하여 유한회사인 NS사를 설립했다. N사는 원래 대구에서 염색을 하는 중소기업이었는데, 환경규제와 인건비 부담을 감당할 수 없었다. 그러던 차에 중국에 진출하면 환경규제와 인건비 부담 둘 다를 피할 수 있다는 지인의 이야기를 듣고 중국에 투자하게 됐다. 투자한 곳은 중국에서도 변방이랄 수 있는 도시였다. N사 사장은 한국에 가지고 있던 기계설비와 본인 재산의 대부분을 처분해서 확보한 30만 달러를 투자했고, 중국의 S사는 토지와 현금을 더해 10만 달러를 투자했다.

이에 따라 NS사에 대한 N사의 지분은 75%, S사의 지분은 25%가 됐다. NS사의 전체적인 운영과 의사결정은 N사 사장인 김 모 씨가 맡기로 했다. 중고기계의 통관과 재산평가 등 어려운 일을 원만하게 처리해준 S사가 대외업무 담당자로 천모 씨를 추천했다. N사는 중국의 법규에도 대처하고 인맥(관시)도 관리하는 데 그가 적임자라고 판단하고 그를 영입했다. NS사의 회장(董事長: 둥스장)은 대외적 관계상 필요하여 중국 측이 맡기로 했고, N사 사장은 부회장과 사장(總經理: 쭝징리)를 겸임하기로 했다. 이사(董事: 둥스)의 수는 N사 몫 3명과 S사 몫 1명(회장)을 더해 4명으로 정했다. 이 모든 설립과정은 김모 씨 혼자 현지에 주재하면서 조선족 통역의 도움을 받아 진행했다. 그러는 동안 김모 씨가 겪은 어려움과 불편은 이루 말할 수 없었다.

양측은 중국 기업들의 일반적인 정관을 그대로 NS사의 정관에 반영했다. 이에 따라 회장(천모 씨)은 이사장으로서 회사의 법적 대표가 됐고, 사장(김모 씨)은 이사회의 각종 결의사항을 집행하고 회사의 일상 경영업무를 맡게 됐다. 또 계약위반에 대한 책임 문제는 '어느 일방이 계약을 위반하여 본 계약의 이행이 불가능하게 된다면 그가 위약의 책임을 진다' 는 지극히 평범한 규정으로 처리했다.

그런데 영업 허가를 받고 영업을 개시한 뒤 본격적으로 이익이 발생하기 시작하면서 문제가 생겼다. 김 사장은 영업에 따르는 크고 작은 문제와 갈등에 대해서는 회사를 운영하다보면 그럴 수 있는 일이라고 생각하고 감내했다. 그러나 대외적인 업무에만 관여하기로 했던 천 회장이 회사의 일상적인 업무에 간섭하는 데는 신경을 곤두세울 수밖에 없었다. 참고 참던 김 사장은 천 회장이 인사권까지 제멋대로 행사하려고 하자 더 이상 참을 수가 없었다. 천 회장은 김 사장으로서는 누군지도 모르는 중국 사람을 데려와 부사장에 임명하려고 했고, 김 사장과의 사전 논의도 없이 관리부문뿐 아니라 영업부문에까지 중국 사람을 임명하려고도 했다.

결국 어느 날 김 사장과 천 회장 사이에 큰 다툼이 벌어졌다. 그리고 그 다음 날 출근한 천 회장은 "이사장의 권한으로 사장을 교체한다"고 일방적으로 발표

했다. 그러고는 곧바로 중국인 이모 씨를 사장으로 발령했다. 그야말로 말도 안 되는 일이었다.

　이사회에서 수적 우위를 차지하고 있는 김 사장은 즉각 이사회를 소집해서 회장의 부당한 처사를 바로잡고, 나아가 이사장에 대한 문책 결의까지 하겠다고 생각했다. 이를 위해 총무부장을 불러 절차에 따라 이사회를 소집하라고 지시했다. 그런데 맨 처음 절차부터 진행이 안 되는 게 아닌가. 그것도 어떤 하자가 있어서가 아니고, 간단한 일로 여겼던 것들 때문이었다. 이사회 소집을 위한 공고와 통보 등 모든 절차에 필요한 궁장(公章: 법인 인감)을 회장의 수하인 관리부장이 틀어쥐고 내놓지 않았다. 대부분 중국인인 관리직 사원들이 김 사장의 말은 전혀 듣지 않고 천 회장의 지시에만 따르는 것이었다. 현실적인 벽에 부닥친 셈이었다. 중국에서 법인을 운영할 때 궁장이 없으면 아무것도 진행할 수 없다는 사실을 처음으로 알게 됐다. 지배적인 지분과 다수의 이사를 확보하고 있어도 아무 소용이 없는 것이었다. 그야말로 뻔히 눈 뜨고 회사를 빼앗기게 생긴 상황이었다.

　김 사장은 어쩔 수 없다고 생각하여 회사의 청산을 신청했으나, 중국 측의 반대와 로비 등으로 인해 이마저 무산됐다. 그러는 사이에 천 회장은 회사를 단독으로 운영했다. 방해자가 없는 상태에서 회사의 재산을 마음대로 사용했다. 회장이 회사의 청산을 막고 자기 뜻대로 회사를 운영하면서 로비활동에만 신경을 쓰는 사이에 회사 경영은 엉망이 돼버렸다. 결국 회사는 경영부실로 막대한 적자를 내고 생산을 중단하는 상태에까지 이르렀다.

　김 사장은 지인을 통해 나에게 도움을 요청해왔다. 그러나 내가 그에게 해줄 수 있는 것은 시골 현(縣) 단위인 그 지방에서 천 회장이 갖고 있는 인맥의 힘을 무너뜨릴 수 있을 정도의 인맥을 소개해주는 것뿐이었다. 랴오닝성의 성 정부에 연결되는 인맥이라면 산하 현(縣)에 압력을 행사할 수 있을 것으로 생각됐다. 이와 더불어 전국적인 인맥을 가지고 전국적인 규모로 활동하는 변호사를 고용할 것을 김 사장에게 권했다. 돈을 아끼지 말고 그런 변호사를 써보라고 했다. 결국 김 사장은 위 두 가지 방법을 다 동원하여 회사자금 유용을 이유로 검찰에 천 회장을 고발 조치함과 동시에 그 지방의 현 정부에 NS사를 회계감사하여 문제를 해결해줄 것을 호소했다. 처음엔 신통찮은 반응만 보이던 검찰과 현 정부도 중앙 정부와 랴오닝성 정부가 관여할 기미를 알아채고서는 움직이기 시작했다.

검찰은 천 회장을 뇌물죄와 공금횡령죄로 체포하여 본격적인 조사를 시작했다. 이때부터 양측 사이에 치열한 법리다툼과 인맥다툼이 전개됐다. 그 와중에 중국 측 출자회사인 S사는 천 회장을 해임하고 다른 사람을 새 회장으로 지명하여 파견했고, 김 사장과 한국 측 이사들은 회사로 복귀했다. 그러나 합자회사 NS사는 이미 거덜난 상태였다.

김 사장은 S사를 상대로 손해배상 청구 소송을 제기했다. 그러나 S사는 NS사에서 빚어진 모든 일은 천 씨 개인의 문제이지 자사와는 무관하다고 주장했다. 이에 따라 양측 간 다툼의 초점은 중국 측 투자자가 S사냐 천 씨 개인이냐로 옮겨갔다. 이에 대해 중국 법원은 다음과 같이 판단했다.

"천 씨의 행위는 S사가 아닌 합작회사 NS사의 법적 대표로서 한 행위이기 때문에 S사는 책임이 없다. 또한 NS사의 정관에 합작 당사자 중 어느 한쪽이 다른 한쪽을 축출하는 것에 관한 규정이 없기 때문에 중국 측의 행위는 합작계약을 위반한 것이라고 볼 수 없다."

김 사장은 이 사건을 랴오닝성의 고급인민법원에 항소할 수 있었으나 결국 항소를 포기했다. 중국에서는 2심에서 1심의 판결이 뒤집힌 경우가 별로 없음을 알기 때문이기도 했지만, 2심에서 승소한다고 한들 S사로부터 손해배상금을 실제로 받을 수 있을지가 불명확했기 때문이었다. 물론 그동안 몸과 마음도 많이 지쳤고, 추가로 소요될 비용의 문제가 부담스럽기도 했다.

시사점

오늘날 중국에서는 베이징과 상하이 등의 대도시뿐만 아니라 웬만한 중소도시에서도 한국 기업인들이 각자 나름의 노하우를 가지고 비즈니스를 하고 있다. 또한 한국의 젊은이 중에는 중국을 '기회의 땅'이라고 생각하고 중국에서 비즈니스 기회를 열심히 찾는 경우도 많다. 그동안 다른 개발도상국들의 경제성장 과정을 알고 있는 한국인들에게 중국은 여러 가지로 돈벌이가 될 만한 기회들이 도처에 널려있는 나라처럼 보이는 것이 사실이다. 우리나라의 과거 발전과정을 돌아보는 것만으로도 중국 진출을 위한 학습을 충분히 하는 것이라고 여기는 한국인도 많다. 특히 중국의 대도시에 비해 중소도시는 아직 어리숙해 보이고 발전의 여지가 많은 듯이 보이며, 그래서 중소도시에서 돈벌이의 기회를 더 많이 찾을 수 있다고 생각할 수 있다.

그러나 주의해야 한다. 중소도시로 갈수록 이론으로는 설명이 안 되거나 아예 말도 안 되는 일들이 일어난다. 중소도시에는 지독한 배타주의와 외국인은 접근하기 어려운 중국인 특유의 인맥(관시)이 존재한다. 그것을 극복하는 것이 대도시에서 치열한 경쟁을 뚫는 것보다 더 어려울 수도 있다. 중국에서 대도시에 비해 상대적으로 일상생활을 하기도 어려운 중소도시에서 한국에서의 경험만을 바탕으로 성공해보겠다는 일념으로 중국인과 같이 생활하며 죽을 고생을 다 하고도 성공하기는커녕 쓰디쓴 맛을 보고 몸까지 상한 한국의 중소기업인들을 나는 많이 보았다. 위 사건에 나오는 김모 씨도 고생은 고생대로 하고 가지고 있던 재산마저 다 날리는 쓴맛을 봤다. 겉으로 드러나지 않고 밝혀지지 않았다 뿐이지 위 사건과 같은 사례는 중국 각지에 상당히 많이 있으리라 생각한다.

키포인트

첫째, 파트너 선정에 신중을 기해야 한다. 위 사건에서 김모 씨는 경비를 아끼려다가 애초부터 회사를 강탈할 생각이 있는 지방의 사기꾼 같은 사람을 파트너로 선택했다. 중국에서 파트너 선택은 사업의 성패를 가르는 중요한 요소다. 파트너 선택을 잘 하기 위한 일에 돈과 노력을 아끼면 안 된다. 유능한 변호사, 현지 공관, 현지에 진출해 있는 대기업 등의 도움을 받아서라도 파트너 선택이라는 첫 단추를 잘 끼워야 한다.

둘째, 합자회사를 설립할 때 지분이 25%밖에 안 되는 중국 측 투자자에게 이사장 겸 회장인 법적 대표 자리를 양보한 것은 큰 실수였다. 이것이 문제 발생의 단초가 됐다.

셋째, 합자 계약서나 정관 등을 작성할 때 신중하지 못했다. 합자 계약을 체결할 때는 계약 내용에 대한 투자자 쌍방의 책임 소재를 분명히 해야 한다. 예를 들어 중국 측 투자자가 파견한 사람이 합자회사에 재산상 손해를 끼친 경우에는 그 투자자와 피파견자 두 사람이 연대책임을 지는 것으로 정관에 명시할 수 있다. 또 투자회사의 대표가 합자회사의 대표를 겸임할 경우에는 그 사람의 행위가 투자자로서의 행위인지, 아니면 합자회사 대표로서의 행위인지가 불분명하게 되는데, 이에 대한 기준을 사전에 분명히 해두어야 한다. 또한 파트너와의 사이가 아무리 좋더라도 만일의 사태에 대비하여 회사의 여러 자료들을 항상 별도로 보관하고 있어야 한다.

넷째, 중국의 중소도시에 진출하는 경우에는 나중에 그 지역의 인맥이나 텃세에 부닥쳐서 피해를 입을 가능성에 대한 대응방안을 나름대로 연구해 놓아야 한다. 이 사례에서는 김모 씨가 공해산업 분야의 사업으로 중국에 진출한 데다가 중국으로 한국의 중고기계를 수입하는 것에 대한 허가를 받아야 한다는 등의 문제로 인해 중소도시로 진출했지만, 그 역시 현지의 인맥과 텃세로 인해 고통을 당했음을 주목하자.

15

본사에서 수입한 원자재가 밀수라고?

O사는 앞의 경우와 마찬가지로 한국의 대구에서 오래 동안 원단 염색가공을 해온 기업이 갈수록 심해지는 환경규제와 치솟는 인건비 부담을 감당하기가 어려워 중국에 설립한 회사다. 중국은 환경규제가 덜 까다롭고 인건비도 싸기 때문이었다. O사는 중국 상하이 부근의 중소도시에서 원단을 염색가공하는 외자기업이다. 원단을 중국에서 염색가공하여 한국과 한국의 본사가 지정하는 제3국의 회사에 수출한다. 생산한 물건 모두를 외국으로 수출하는 위탁가공업으로 신고하고 사업을 시작했다.

한국에 비해 5분의 1도 채 안 되는 인건비 덕분에 사업 초기에는 그런대로 재미를 볼 수 있었으나 중국 현지의 경영 환경도 갈수록 어려워졌다. 최저 인건비는 해마다 10% 이상씩 올라갔고, 중국의 경제가 빠르게 발전하면서 중국인들도 환경에 나쁜 영향을 줄 가능성이 높은 염색가공업을 영위하는 O사 같은 중소기업에서 일하기를 기피하기 시작했다. 이에 따라 O사는 이직률이 높아졌고, 새로 사람을 구하기도 어려워졌다.

그러나 어떻게 해서든 어려워진 경영환경을 극복하고 수익성을 개선하기 위해 고심하던 O사 경영진은 우선 제품원가의 가장 큰 요소인 원단 값을 떨어뜨리기 위해 원단을 공급해주는 본사와 어려운 협상을 벌인 끝에 원단 값을 대폭 할인할 수 있었다.

이어 O사 경영진은 원단의 국제가격과 중국 내수가격을 비교해보았다. 그 결과 본사가 O사에서 납품받은 원단을 해외에 수출하는 가격이 중국 내수시장 가격보다 낮다는 사실을 알게 됐다. 본사 담당자들에게 확인해본 결과, 미국 경제 침체와 유럽 재정위기 등으로 인해 원단의 국제가격이 곤두박질쳐서 그렇다는 것을 알게 됐다. O사는 별다른 생각 없이 원단 가공품을 중국 내수시장에 판매했다. 그렇게 하는 것이 수출하는 것에 비해 현금화를 보다 빨리 할 수 있는 방법이었다. 게다가 외화가 아닌 런민비로 대금을 받을 수 있어 현금흐름이 더욱 개선됐다. 런민비의 강세 추세로 인해 채산성도 좋았다.

그러던 어느 날 제복 차림의 세관원들이 O사에 들이닥쳤다.

"모두 머리 위에 손을 얹고 꿇어 앉아!"

O사 직원들은 무슨 일인지 영문을 몰라 당황해 하는데, 세관원들은 말을 듣지 않고 하던 일을 계속하는 직원들에게 다가가 따귀를 후려치기까지 하는 것이 아닌가!

"아니, 무슨 일이요?"

"당신이 대표야? 밀수 및 관세포탈 혐의로 체포하겠소."

"밀수라니, 아니 우리가 원단 외에 다른 무슨 상품을 수입한 적이 있다고 밀수를 했다는 거요?"

“그것은 가서 조사해보면 다 나올 테니, 빨리 옷이나 입고 나오시오. 아니면 수갑을 채워서 끌고 가겠소.”

“이것 보시오. 우리는 원단 가공업체요. 원단 외에는 아무것도 수입한 적이 없소. 밀수라니요? 뭔가 잘못된 것일 게요. 가당치도 않은 이야기요.”

그러나 현지 중국인 직원들은 대부분 벌써 꿇어앉아 있었다. 세관원들은 책상 위에 놓여 있었던 장부들을 가지고 온 상자에 아무렇게나 쓸어 넣고 있었다. 모두 꿀 먹은 벙어리마냥 아무 말도 하지 못하고 있을 뿐 아니라 벌벌 떨기까지 하는 모습이 역력했다.

급하게 우선 아는 한국인 지인에게 전화를 걸어 간단히 사정을 설명하고 변호사를 선임해 보내주고 영사관에 연락해 도움을 요청하는 등의 일을 부탁하고 따라 나설 수밖에 없었다.

그런데 세관에 끌려 간 지 몇 시간 만에 나타난 변호사가 하는 말이 청천벽력 같았다. 경영상의 압박을 덜기 위해 본사로부터 가격이 대폭 인하된 원단을 수입한 것이 관세를 포탈하기 위한 행위로 간주될 수 있다는 것이었다.

가격이 인하된 만큼 관세가 낮아지니 관세포탈죄가 적용되고, 게다가 본사와의 거래에서 그렇게 했으니 서로 짜고 그리 했다는 의심을 받을 수 있다는 것이었다. 수입가격이 정당한 가격이냐 아니냐에 대한 판단은 본사와의 협상에서 실제로 결정된 가격과 같으냐 아니냐보다 유사한 상품의 가격이 얼마로 수입되고 있느냐를 기준으로 하며, 그 판단은 세관이 한다는 것이었다.

O사의 한국인 대표는 억울하기 짝이 없었다. 그러나 더 급한 일은 밀수 혐의를 벗는 것이었다.

“우리는 원단 외에는 수입한 적이 없소. 그런데 밀수라니 당치도 않소.”

이런 O사 대표의 주장에 대해 변호사는 다음과 같은 설명을 늘어놨다.

"중국 법(형법 제153조)에 따르면, 수출을 목적으로 관세 등을 납부하지 않은 채 원자재를 수입하여 가공한 후 그 완제품을 국내에서 판매하거나 특정된 면세물품을 세관의 허가 없이 국내에서 판매할 경우에는 일반적인 밀수행위와 똑같이 처벌됩니다."

결국 O사 대표는 밀수 및 관세포탈 혐의로 체포되고 O사의 은행계좌는 동결됐다. 회사에 남아있던 다른 모든 물품도 세관에 압수되어 회사 업무가 전면 마비되고 말았다.

밀수 및 관세포탈 혐의를 받게 됐을 때 "그게 죄가 되는지 몰랐다"는 항변은 정상참작의 사유는 될 수 있을지 모르지만, 혐의 자체를 피해가게 해줄 수는 없다. 이런 경우 무엇보다 급한 것은 형사 입건을 면하는 것이다. 외국인이 중국에서 비즈니스를 할 때 무엇보다 형사 입건이 되어서는 안 된다. 돈을 벌려고 중국에 가서 사업을 하는데 잘 몰랐던 것이나 가볍게 생각한 것 때문에 중국의 감옥에 들어갈 수야 없지 않은가?

O사 대표는 구류되기는 했지만 변호사와 영사관, 그리고 본사에서 급히 파견한 직원들의 도움으로 감옥에 들어가는 것만은 피할 수 있었다. 내수판매 대금의 사용처가 확실했던 것과 주변의 동종업계 사람들이 가격의 정당성에 대해 증언해준 것도 도움이 됐다. 최종적으로는 인맥의 힘까지 빌린 후에, 그것도 죄를 인정하고 나서야 풀려났다. 그러나 수사기관에서 계산한 탈세 금액의 3배에 해당하는 벌금을 물었고, 풀려나기 전에 구류도 2개월 이상 살아야 했다. 그 사이에 회사가 엉망진창이 된 것은 말할 것도 없다.

O사 대표로서는 나중에야 알게 된 사실이지만, 유사한 일로 형사 소추되어 중국의 감옥에 갇혀 옥살이를 하는 한국 사람들이 적지 않았다. 그러니 자신은 그나마 다행이었다고 안도하며 한숨을 쉴 도리밖에 없었다.

시사점

중국에서 밀수와 탈세는 살인이나 강도와 마찬가지로 엄격한 형사상 처벌을 받는 범죄다. 밀수와 탈세에 관한 한 외국인 회사라고 해도 여간해서는 선처를 해주지 않는다. 그런데 중국에 진출한 한국의 중소기업 중에는 저도 모르는 사이에 밀수에 해당하는 수입을 하게 될 수 있다. 경비절약 차원에서 추진한 수입이 탈세행위가 되기도 한다. 이럴 경우 중국 형사법(관세법)을 적용받아 감옥에까지 가는 경우가 적지 않다. 한국에 있는 자기 회사의 물건을 수입하고도 밀수로 처벌받는 황당한 경우까지 있다.

한국에는 수출할 제품을 생산하기 위해 필요한 원자재를 수입하는 경우에 수입관세를 유예해주거나 일단 관세를 내게 하고 수출 후 환급해주는 제도가 있다. 또한 수출용 원자재로 수입한 물품으로 만든 제품을 사정상 수출할 수 없게 된 경우에 내수판매 허가를 받아 국내 시장에 판매하기도 한다. 그러나 허가를 받지 않고 그런 제품을 내수시장에 판매한 경우에 발각되면 벌금이 부과되는 것이 보통이다. 단, 사안이 중대할 경우에는, 즉 수입금지 품목이나 국민생활에 중대한 영향을 끼치는 품목 등을 그렇게 하면 형사처벌을 받게 될 수 있다. 하지만 이렇게 형사처벌을 받게 되는 경우는 드문 편이다.

이런 한국의 제도만 생각하고 경각심 없이 중국에서 임가공 공장을 운영하다가 제품을 내수시장에 판매하는 한국 기업이 종종 있다. 또한 간혹 합자기업에서 중방 측의 "문제없다"는 말에 넘어가 그렇게 하다가 낭패를 당하는 경우도 있다.

키포인트

중국에서 밀수와 탈세는 "외국인이기 때문에 잘 몰랐다"는 말이 안 통하는 사안이다. 자기 물건(본사 물건)의 가격을 싸게 수입했다고 관세포탈 혐의를 받게 되리라고 생각하기란 어렵다. 이런 면에서 중국은 주의해야 하는 나라다. 위 사건의 경우 본사에서 공급하는 원자재의 수입가격을 깎기보다는 제품의 수출가격을 올려 달라고 하거나 그 밖의 다른 방법으로 보전을 받았어야 했다.

또한 중국은 아직 외환에 대한 규제가 엄격한 나라임을 잊지 말아야 한다. 중국은 외환 관련 법규 위반 행위를 매우 엄격하게 다룬다. 중국 정부가 외화 가득을 위해 허가해준 회사가 내수 영업을 하거나 그런 목적으로 허가해준 품목을 내수시장에 판매하는 행위는 형사범죄로 취급된다. 위 사건에서 O사는 이 점을 너무 가볍게 본 것 같다. 중소기업의 입장에서 중국의 법규와 관련된 문제를 모두 알고 있을 수는 없지만, 적어도 외환, 관세, 일반 세금 등 중국 정부가 집중적으로 주시하는 분야에 대해서는 최소한으로라도 필요한 지식을 갖추고서 중국에서 사업을 영위해야 한다.

중국의 정보기관도 경계해야 한다. 중국에서 외국인인 한국 사람이 하는 행위는 언뜻 생각하기에 누군가가 알려주지 않는 한 중국 정부당국이 모를 것 같아도 사실은 다 보고 있고 ,다 감시하고 있고, 다 알고 있다고 생각하고 비즈니스를 해야 한다. 나는 어느 일본인 특파원에게서 다음과 같은 말을 들은 적이 있다.

"소수민족 문제에 대해 중국에 불리하게 보도하는 기자가 생기면 결코 가만있지 않는 것이 중국이다. 그런 기자는 대부분 추방된다. 추방의 이유로 중국 정부는 '도자기 밀반출'이나 '성 매수' 같은 것을 든다. 언론 탄압이라는 비난을 피하기 위해서다. 그런데 도자기 밀반출로 추방당한 기자는 언젠가 중국의

어느 허름한 야시장에서 질그릇을 산 경험이 있었고, 성 매수로 추방당한 기자
는 가라오케에 가서 중국인 여성과 재미있게 놀아본 경험이 있었다. 중국에서
살다보면 누구나 한 번쯤은 경험하는 일을 한 이유로 추방되는 것이다. 외국인
의 행적을 중국 정부당국은 다 알고 있다. 알고만 있다가 필요하게 되면 써먹는
것이다."

16

여권을 담보로 제출하라고?

한국인 K씨는 조선족의 소개로 중국 지린성(吉林省)의 한 작은 도시에 기계설비 회사인 P사를 설립했다. 지린성은 조선족이 많이 살기 때문에 한국인이 생활하기에 여러 모로 편리하다는 말을 조선족 동포로부터 들었기 때문이었다. P사의 사업은 한국의 중고 기계설비를 중국으로 가져와 수리한 뒤 판매하는 것이었다. 한국에서는 이미 낡은 기계설비라도 중국에 가져와 깨끗하게 잘 수리하면 그런대로 쓸 수 있다는 데 착안한 것이었다. K씨는 P사를 통해 여러 건의 비즈니스를 성공적으로 수행한 뒤 제법 큰 규모의 기계설비 오더를 받았다.

P사는 물품대금 중 10%에 해당하는 20만 런민비(약 3600만 원)를 선수금으로 받고 나머지는 물품이 현지 통관 후 도착지에 도착한 뒤에 받는다는 조건으로 한국에서 기계설비를 선적했다. P사는 기계설비를 다렌(大連)항에서 하역시킨 뒤 거기서 1천 킬로미터나 떨어진 지린성의 도시까지 운송했다. 그런데 오더

를 준 중국 업체가 그 기계설비에 문제가 있다면서 수령하기를 거부하고 계약금 20만 런민비를 반환해 달라고 요구했다.

P사로서는 이미 운송을 마친 물건을 한국으로 도로 가져갈 수는 없는 노릇이었다. 항구에서 1천 킬로미터나 떨어진 지린성의 도시까지 그것을 가지고 오는 데 든 물류비용은 또 어떻게 할 것인가. 중국 거래처의 요구는 도저히 받아들일 수 없는 것이었다. 양측 사이에 몇 차례 협상이 이어졌다. 그러다가 P사의 약점을 알게 된 중국 거래처가 물류비용에도 못 미치는 가격에 물건을 인수하겠다고 했다. P사가 거부하자 그 거래처는 K씨를 중국 공안에 사기죄로 고소하고, P사를 상대로 인민법원에 민사소송을 제기했다. 원래 중국에서는 민사소송이 제기된 상태에서는 형사소송이 진행되지 않는 것이 관례다. 그러나 지린성의 시골 도시에서는 법보다 인맥(관시)이 우선이다.

현지 공안은 K씨를 출두하게 하여 여권을 제출할 것을 요구했다. 조선족 통역은 "공안의 요구가 그렇다면 여권을 제출해야 한다"고 말했다. 이럴 때 여권을 제출하지 않으면 불법입국자로 몰릴 수도 있다고 했다. 이것은 명백한 민사사건이었으나 공안은 한국인 K씨를 압박하기 위해 접수를 형사사건으로 하면서 여권을 임의로 제출받은 뒤 민사사건을 담당하는 법원에 그 여권을 인계했다.

인민법원은 1차 심리를 진행한 뒤 원고의 청구를 받아들여 기계설비에 대한 감정을 실시한다고 판결했다. 감정을 시작하기까지 몇 달이 걸렸다. '공정한' 기계감정사를 구해야 한다며 시간을 끌었던 것이다. 그런 다음 감정의 결과를 도출하기까지 또 몇 달이 걸렸다. 결국 감정가격이 나왔으나, 그것은 그야말로 말도 안 되는 낮은 가격이었다. P씨는 감정이 공정성을 잃었다고 주장하며 재감정을 의뢰했다. 재감정에 또 다시 몇 달이 걸렸다.

그 사이 P씨는 여권이 없어 한국에도 가지 못 하고 사실상 억류된 상태에서 비참한 나날을 보내야 했다. 여권이 없으면 호텔이나 여관 같은 곳에 숙박하는 것만 못 하는 게 아니다. 돈을 송금 받을 수도 없고, 무엇 하나 신청할 수도 없다. 심지어 베이징에 거주하는 한국인 지인으로부터 도움을 받기 위해 베이징에 가고자 해도 비행기를 이용할 수 없으니 24시간 이상 걸리는 기차를 이용해야 했다.

재감정 결과는 1차 감정 결과보다는 가격이 높게 나왔지만, 애초 거래 가격에 비해서는 절반 정도에 불과했다. 그것도 여전히 물류비와 기타 비용을 충당하고 나면 남는 돈이 없는 감정가격이었다.

'여기는 중국이다. 더 이상 버텨봐야 육체적, 정신적 고통만 더할 뿐이다.' 이렇게 판단한 K씨는 재감정 가격을 수용했다. 첫 판결 후 2년여가 흐른 뒤 최종 판결이 나왔다. 판결 결과에 따라 정해진 가격으로 정산해보니 손에 남는 돈이 없었다. 물론 물품도 다 잃어버린 뒤였다. 여권은 압류된 지 2년 만에야 되돌려 받았다. 그러는 사이에 K씨는 몸과 마음에 병까지 얻었다.

시사점

앞에서 소개한 여러 경우에서도 본 바와 같이 중국에서 비즈니스를 하다 보면 생각지도 않은 사건에 휘말리기도 하고, 경제적 사안이자 민사 사건임이 분명한데도 당사자인 자신의 의사와는 관계없이 형사 사건으로 넘겨지기도 한다. 그 중에는 민사 사건으로는 해결이 쉽지 않다고 생각한 상대방 중국인이 고의로 사건을 형사 사건처럼 만들거나 검찰, 법원 등과 짜고 초기에만 형사 사건 취급을 하는 경우가 많다. 그 과정에서 특히 외국인인 우리가 주의해야 할 점이 있다. 여권을 제시 또는 제출하라거나 담보로 제공하라는 요구에 아무런 확인 없이 여권을 내줘서는 안 된다.

여권을 담보로 제공하라는 요구는 지방도시에서 듣게 되는 경우가 많다. 지방의 중국인 사업자가 그 지방의 법원과 결탁하여 여권을 담보라는 명분으로 압류함으로써 외국인 거래 상대방에게 심리적인 압박을 가하여 소송 전에 자기 측에 유리하게 협상하려고 하는 것이다. 또한 소송이 진행될 때 시간을 끌면서 오래 출국금지를 유지함으로써 외국인 거래 상대방을 지치게 만들어 소송에서 이기려고 그러는 경우도 많다.

중국 법에 공안기관이나 법원이 외국인에 대한 출국제한의 한 방법으로 여권을 압류할 수 있게 돼있기는 하다. 그러나 민사사건의 경우에는 출국금지 조치에 근거해 극히 제한적으로만 여권 압류가 가능하게 돼있다. 출국금지 조치는 법원 합의부 심의를 거쳐 법원장이 허가해야만 가능하며, 기층인민법원이 출국금지 조치를 취하기 위해서는 중급인민법원의 동의를 받아야 한다. 형사사건의 경우에는 공안기관이 외국인의 여권을 압류할 수 있으나 반드시 성(省)급 공안당국의 허가를 받아야 한다. 즉 시(市)급 공안국이나 현(縣)급 공안국은 임의로 외국인의 여권을 압류하지 못 한다. 또한 공안기관은 민사사건을 이유로 당사자의 여권을 압류할 수 없게 돼있다. 민사사건의 경우에는 인민법원만이 외국인의 여권을 압류할 수 있지만, 실제로 여권을 압류하기 위해서는 출국금지 조치가 선행돼야 한다.

정리하면, 중국의 공안기관이나 인민법원은 해결이 안 된 사건을 처리하기 위해 외국인의 출국을 제한하는 방법으로 여권을 압류할 수 있다. 그러나 그 대상과 요건에 제한이 있다. 대상은 '형사 사건의 피고인', '공안기관, 인민법원, 인민검찰원 등이 인정하는 범죄 피의자', '해결이 안 된 민사사건을 해결하기 위해 인민법원이 출국을 금지시킨 사람, 기타 중국의 법에 의해 처리되지 않은 행위가 있어서 주요 관련 기관이 처리할 필요가 있다고 인정한 사람' 등이다. 그리고 요건으로는 성, 자치구, 직할시의 공안국, 안전청 등의 승인을 받아야 한다. 민사사건의 경우에는 인민법원이 출국금지를 집행하고, 출국금지를 결정한 때에는 그런 사실을 공안기관에도 통보해야 한다.

여권이 압수되지 않았어도 이미그레이션에 출국금지가 통보되면 그것만으로도 출국이 금지된다. 따라서 출국금지를 위해 반드시 여권 압류를 해야 하는 것은 아니지만, 실제로는 사건 당사자를 압박하고 겁주는 방법으로 여권 압류가 종종 이용된다. 여권 압류는 시간을 끌면서 해당 외국인을 불편하게 만들어 자기들 의도대로 움직이게 할 요량으로 자주 사용된다.

중국 정부기관은 외국인이 중국 법을 잘 모를 것이라는 전제 아래 일단 여권부터 압류하고 보는 불법적 행정행위를 자행하곤 한다. 중국 법을 잘 모르는 한국 중소기업인에게 여권을 담보로 제출하기를 요구하기도 하고, 공안이나 안전국 요원이 일방적으로 여권을 압류하려고 하기도 한다. 이런 경우에 곧이곧대로 요구를 받아들여 여권을 채권 담보용으로 제출해서는 안 된다. 민사사건이나 형사사건에 연루되어 공안기관이나 법원에 불려가 조사를 받거나 재판을 받는 중에 여권 제출을 요구받을 경우에는 공안기관이나 법원이 합법적인 절차에 의해 그런 요구를 하는 것인지를 반드시 확인해야 한다. 여권을 건네줄 수밖에 없는 상황이라면 '여권압류 사실 증명서' 를 발급받아야 신분증명이 필요할 경우에 그것을 대신 사용할 수 있다. 일단 제출되거나 압류된 여권은 쉽게 돌려받기가 어렵다. 여권이 없는 동안에는 자신의 신분을 증명할 수 없어서 그 불편함이 매우 크다.

키포인트

첫째, 지린성은 중국의 최북방에 있다. 중국에서도 시골이다. 조선족이 많아 생활하는 데 편리함이 있을 수는 있으나, 시골인 만큼 그곳에서 한국 중소기업인이 아는 사람도 거의 없는 상태에서 회사를 차리는 것은 무리다. 무모한 일이랄 수도 있다. 이 사건에서는 투자처 선정부터 잘못됐다.

둘째, 잘 모르는 거래처에 대해서는 공급하기로 한 물건 대금의 10%만 우선 받고 나머지는 물건 도착 후에 받겠다는 식의 조건은 받아들이지 말아야 한다. 마음대로 옮길 수 있는 상품도 아닌 무거운 기계설비를 항구에서도 1천 킬로미터나 떨어진 도시로 운송해 공급하면서 대금의 10%만을 선수금으로 받기로 한 것은 잘못이었다.

셋째, 여권 제출 요구를 받으면 그것이 정당한 절차에 의한 요구인지, 성급 공안국의 허가가 있는지를 변호사를 통해 확인해봐야 한다. 공안의 강압적인 요구라 해도 정당한 근거를 갖고 있으면 거부할 수 있으며, 그러면 공안도 그런 외국인을 어쩌지 못한다. 공안의 입장에서 보면 그런 외국인은 중국 법을 아는 사람이라고 생각하여 함부로 대하지 못할 수도 있다. 외국인으로서 여권을 압류당하고 나면 행동을 자유롭게 할 수 없어서 몹시 불편하다. 여권을 압류당한 상태에서 시간이 많이 지나면 정신적으로 피곤해져서 만사가 귀찮아지고 재판에서 반드시 이기겠다는 의욕마저 없어지기 쉽다. 이 사건에서도 대사관이나 영사관의 도움을 얻어서라도 여권만큼은 압류당하지 않았어야 했다.

17

이름 좀 빌렸을 뿐인데 웬 날벼락

중국에 주재한 경험이 있는 한국인 L씨는 중국에서 자동차 관련 사업을 하면 크게 성공할 수 있다고 생각했다. 중국이 미국을 제외한 전 세계에서 최대 자동차 소비국으로 떠오르고, 중국의 젊은 층이 웬만한 수입만 있으면 너도나도 자동차를 구입하려고 하는 추세에 주목했다. 그래서 조만간 과거 한국에서처럼 중국에서도 마이 카(My Car) 시대가 도래하는 것은 불을 보듯 뻔한 이치라고 생각했다.

자동차가 늘어나면 자연히 자동차수리업이나 세차업을 하는 업체 수가 늘어날 수밖에 없는데 아직은 이런 업종의 업체 수 증가가 자동차 증가 속도를 따라가지 못하고 있었다. 게다가 자동차수리업이나 세차업을 하는 기존 업체들의 수준이 기술, 서비스, 고객관리 등 여러 면에서 한국에 비해 현저하게 낮았다. 노무비가 한국의 절반도 안 된다는 점을 고려하면 중국에서 자동차수리업이나 세차업을 시작하여 고객관리만 제대로 해도 크게 성공할 수 있으리라고 L씨는 생각했다.

　　문제는 허가였다. 중국에서 자동차수리업과 세차업은 외국인인 한국 사람이 독자로 할 수 있는 업종이 아니기 때문이었다.

　　그러던 차에 L씨와 같은 중국 회사에 다니면서 같이 중국에 주재했던 친구가 L씨에게 솔깃한 정보를 알려주었다. 아직 중국에서 활동하는 그 친구가 하는 말이, L씨가 중국에 주재했을 때 L씨 밑에서 착실하게 근무한 적이 있는 조선족 중국인 M씨가 최근 회사를 그만두려고 한다는 것이었다. L씨는 M씨와 손잡고 중국에서 자동차수리업을 해보기로 결심했다. 자동차수리업은 외국인에게 사업 허가가 나오지 않는 업종인 게 문제였는데, 중국인인 M씨의 협조를 얻으면 이 문제가 쉽게 해결되기 때문이었다.

　　L씨는 M씨를 끌어들이는 데 성공했다. 그가 다니던 회사에서 받던 급여보다 좀 더 많은 급여를 주는 조건으로 그와 손을 잡기로 했다. L씨는 M씨의 명의로 Q라는 회사를 차리고 M씨를 대표인 사장(總經理: 쭝징리)으로 앉혔다. 통장은 회사 명의로 개설하고 통장과 궁장(公章: 회사 인감)은 L씨가 직접 관리하기로 했다.

　　L씨는 아무래도 중국의 현지 사정을 잘 모르기 때문에 회사 설립 초기에는 주로 M씨가 회사의 일상 업무를 처리했다. 두 사람이 분야를 나누어 L씨는 영업을 맡고 M씨는 재무회계를 맡았다. 그러나 L씨가 언제든 필요하면 재무회계 장부를 들여다볼 수 있었고, 자금을 인출할 수도 있었다. 그리하여 초기에는 별다른 문제가 발생하지 않았고, 사업이 순조롭게 굴러갔다. 그러던 중 어느 날 M씨가 L씨에게 찾아왔다.

　　"급여를 좀 올려주시면 좋겠는데요. 제가 많은 일을 맡아서 사실상 저 혼자 회사 운영을 하다시피 하고 회사가 영업이익을 많이 내고 있는데, 제 급여가 너무 적은 것 같습니다.”

“자네가 지금 받는 급여는 전에 다니던 회사에서 받던 급여의 거의 두 배 가까이 되는 수준 아닌가?”

“그건 그렇지만, 전에 다니던 회사는 규모가 커서 후생복리, 교육 등의 혜택이 많았고, 동료 직원들도 많아 제가 회사 생활을 하면서 즐거웠습니다. 그런데 이 회사는 규모가 작아서 그런 혜택이 전무하다시피 합니다. 이런 점을 감안하면 지금 제가 받는 급여가 많은 편이라고 할 수 없습니다.”

“회사가 발전하고 있는 중이니 조금만 기다려주게. 회사가 어느 정도 궤도에 올라가면 급여와 보상을 충분히 줄 수 있겠지만, 지금 형편으로는 좀 어렵네.”

벌써 두 번이나 급여를 인상하는 조치를 취한 바 있는 L씨는 당장 추가로 급여를 인상하기가 어려운 처지였다.

“······.”

얼마 뒤에 M씨가 갑자기 회사를 그만두겠다고 했다. L씨로서는 예상하지 못한 일이었다. 대외적으로 법적 대표로 돼있는 M씨가 회사를 그만두는 것은 회사의 법적 대표를 바꿔야 하는 문제가 되는데, 그 대신으로 법적 대표 자리를 맡기기에 적당하고 믿을 만한 사람을 당장 구할 수 없었다. 그렇다고 M씨가 요구한 대로 급여를 무작정 올려줄 수도 없었다. M씨를 설득하는 데 실패한 L씨는 결국 다른 중국인의 명의를 빌려 사업을 계속하는 수밖에 없었다. M씨는 회사를 그만두면서 고향으로 돌아간다고 했고, 그 뒤로는 소식이 없었다.

그런데 몇 달 뒤 Q사에 소장 사본이 한 장 송달됐다. 이름도 모르는 중국인이 Q사를 상대로 차용금 100만 런민비(1억 7천여만 원)를 지급하라는 민사소송을 제기한 것이었다. 그와 동시에 인민법원이 Q사에 대해 재산보전 조치를 취하고 회사의 자동차수리 시설 등에 봉인 딱지를 붙였다. 영문도 모르고 당한 L씨가 변호사를 고용하여 알아보니, M씨와 관련된 사건이었다.

원고가 법원에 제시한 차용증과 차용계약서에는 Q사 명의와 Q사의 법적 대표자 명의의 인장이 찍혀 있었다. Q사 대표 M씨가 원고로부터 돈을 빌려 Q사의 각종 설비를 구입하고 비용을 지출하는 데 사용했다는 것이었다. 그러나 그 서류에 찍혀 있는 인장은 L씨가 관리하고 있는 인장과 다른 것이었다. L씨는 다른 인장은 효력이 없을 것이라고 생각했고, 그래서 다소 안이하게 대응했다.

그런데 재판이 진행되는 과정에서 점차 드러나게 된 새로운 사실들에 L씨는 아연할 수밖에 없었다. M씨가 회사의 법적 대표로 있을 때 인장을 분실했다고 정식으로 신고한 뒤 새로 만들었는데, 중국말을 제대로 읽을 줄 모르는 L씨는 M씨와 같이 근무하면서도 그런 사실을 까맣게 몰랐던 것이었다. 짐작하건대 원고가 법원에 제시한 차용증도 M씨가 회사를 그만둔 뒤 원고와 모의해 거짓으로 만든 것이 분명했지만, L씨로서는 이를 증명할 길이 막막했다. M씨와 원고가 L씨를 상대로 사기 행각을 벌이기 시작한 것이었다.

L씨는 회사를 설립할 때부터 가짜 대표를 내세웠으니 법을 어긴 셈이었고, 이것이 족쇄가 되어 진실을 밝히기도 어려운 입장이었다. L씨는 결국 변호사와 상의하여 대안을 찾았다. 제시된 인장이 가짜임을 증명할 수 없으니, 대신 M씨의 차용은 M씨 개인의 행위이지 회사와는 관계없는 것이라고 주장했다. 그러나 인민법원은 이런 주장을 받아들이지 않았다.

인민법원은 오히려 원고의 주장을 모두 받아들여 원고 전부 승소 판결을 내렸다. 제시된 차용증에 회사의 인장과 법적 대표자의 인장이 찍혀 있으므로 차용은 법인의 행위로 볼 수밖에 없고, 따라서 회사가 모든 책임을 져야 한다고 판정했다. 결국 L씨와 L씨의 회사 Q사가 문제가 된 차용금과 이자는 물론 소송비용, 재산보전 비용, 감정비용 등도 모두 부담해야 하는 처지가 됐다. 그야말로 두 눈 멀쩡히 뜨고도 당한 셈이었다.

중국의 회사법은 회사의 법적 대표자나 기타 회사의 책임자가 회사의 명의로 한 행위는 법인의 행위로 보고 회사가 책임을 지도록 하고 있다. 회사의 어떤 행위가 회사의 행위인지 개인의 행위인지는 일반적으로 사용된 인장이 회사의 것인지 개인의 것인지에 의해 판정된다.

이 사건에서 M씨가 제3자와 공모하여 차용증을 허위로 작성한 것이 사실로 밝혀지지 않는 한 L씨는 2심에 가서도 승소할 수 없는 입장이었다. M씨가 원고로부터 돈을 빌려 개인 용도로 사용했음을 입증한다면 회사가 M씨에게 대금을 청구할 수 있겠으나, 이 경우에도 우선 회사가 원고에게 돈을 갚고 난 뒤에야 M씨를 상대로 배상을 청구할 수 있을 뿐이었다. 더구나 중국은 2심 제도를 채택하고 있지만 1심 재판의 판결이 2심 재판에서도 그대로 유지되는 경우가 대부분인 점도 고려해야 했다.

그러나 자기가 고용한 사람과 원고가 공모한 사기행위에 대해 응징은 하지 못할지언정 거꾸로 100만 런민비라는 큰돈을 내줄 수는 없는 노릇 아닌가? L씨와 같은 사람에게 제3자가 해줄 수 있는 조언은 거의 정해져 있다. 제3자의 조언을 들은 L씨는 상급 법원에 항소함과 동시에 주중 한국 대사관에 사건의 내용을 소상하게 이야기하고 도움을 요청했다. 한국 대사관은 중급 인민법원에 이 사건에 대한 공정한 재판을 요청하는 정식 문건을 보냈다.

한국 대사관의 정식 문건은 대한민국 정부의 정식 문건이다. 대한민국 정부가 중국 정부에 정식으로 공정한 재판을 요청한 것과 같은 효과를 발휘한다. 중국 법원은 이를 무시할 수 없다. 단 대사관은 대한민국 정부의 이름으로 보내는 문건을 그리 쉽게 중국 법원에 보내지는 않는다. 사실관계가 분명하고 대한민국

국민의 억울한 사정이 확실해야만 그렇게 한다. 이 사건의 경우에는 L씨가 명명 백백하게 사기를 당한 것이 명백했으므로 대사관이 적극적으로 도와주었다.

주중 한국 대사관의 공문을 받은 2심 법원은 여러 차례의 심리와 검증, 원고 조사, M씨 호출(물론 M씨는 종적을 감춘 상태에서 이에 불응) 등의 절차를 밟은 뒤에 원고와 피고 간 채권채무 관계가 허위임을 밝혀내고 원고 패소 판결을 내 렸다. L씨는 다행히 큰 사기를 당하는 일은 모면할 수 있게 됐다. 그 사이에 L씨 가 겪은 심적 고통과 사업상 애로는 그 자신이 남의 명의를 편의적으로 차용한 행위에 대한 대가로 치부해야 할 것이다.

시사점

비즈니스맨으로서 중국 현지에서 주재하면서 사업을 하거나 중국을 자주 드나 들면서 중국의 상황과 실정을 어느 정도 알게 되면 "중국에서 하면 틀림없이 성 공할 텐데" 하고 생각하게 하는 사업 아이템이 눈에 띄거나 머릿속에 떠오르게 된다. 한국이 지난 세월 개발도상국으로서 밟아온 과정이 중국에서 그대로 재연 되는 것이 눈에 보이니 그 결과가 어떠한지를 경험으로 알고 있는 한국 사람들 로서는 어디에 기회가 있는지를 파악하는 것이 아주 쉬운 일로 여겨질 수 있다.

그런데 그런 기회에 해당하는 사업 아이템 중에는 외국인에게 개방되지 않 은 것들이 많다. 중국에는 외국인에게 100% 개방된 비즈니스 분야도 있고, 일정 지분 이상을 투자하는 중국인과 합작해야만 외국인이 진입할 수 있는 합작형 비 즈니스 분야도 있고, 외국인에게는 금지되는 비즈니스 분야도 있다. 창고업과 부동산업을 비롯한 많은 업종이 외국인 진입 제한 업종으로 묶여있다. 시작만 할 수 있다면 한국이 과거에 발전할 때의 경험을 살려 크게 성공할 수 있을 것 같은 비즈니스가 많은데, 시작을 하기가 쉽지 않은 것이다. 그런데 한국에 와서 살던 조선족 동포 중에서는 다시 중국에 돌아가 그와 같은 비즈니스를 추진하여 성공한 경우가 적지 않다.

성공의 유혹을 이기지 못하여 중국에서 변칙적인 방법으로 외국인에게 금지된 비즈니스에 손을 댔다가 크게 손해를 보거나 사기를 당한 한국 사람들을 나는 주변에서 적지 않게 봤다. 한국인은 남을 너무 믿는 게 탈이라는 말들을 많이 한다. 특히 조선족과의 관계에서 그런 경우가 꽤 많이 발생한다. 조선족과는 서로 말이 통하기 때문에 어려운 사정에 대한 이야기와 힘든 심정을 같은 한국말(조선말)로 나누다 보면 쉽게 사귀게 되고, 또 쉽게 믿게 된다.

키포인트

첫째, 중국에서 남의 명의를 빌려 사업을 하는 것은 대단히 위험하다. 이 사건과 똑같지는 않더라도 유사한 사건은 많이 보아왔다. 명의를 빌려서 사업을 했는데 어느 날 그 명의를 빌려준 사람이 자기가 회사의 주인이라고 하면서 원 주인(한국인)더러 나가라고 했다거나, 인장분실 신고를 하고 은행에 가서 신분증을 제시하고 잔고를 찾아갔다거나 하는 이야기를 나는 많이 들었다. 남의 명의를 빌리는 방법으로는 절대 사업을 해서는 안 된다.

둘째, 조선족은 중국인이다. 정직한 조선족 동포도 많이 있고, 중국에 진출한 한국 사람이 조선족 동포의 도움을 받는 경우도 많다. 그러나 개중에는 신뢰를 배신으로 갚는 조선족 동포도 있다. 배신을 하느냐 여부는 조선족이냐 한족이냐 하는 민족의 문제가 아니고 사람 됨됨이의 문제이지만, 한국 사람은 말이 통한다는 이유로 조선족을 너무 쉽게 믿어버리는 경향이 있어 문제다.

셋째, 초기 대응을 잘 해야 한다. 소송을 당했으면 주도면밀하게 그 내용을 살펴야 한다. 반드시 숨겨진 내용이 있는 법이다. 인장이 가짜임이 분명하다고 해서 안심해서는 안 된다. 이 사건에서도 무언가 내막이 있다고 짐작하고 적절한 대응 조치를 취했어야 했다.

넷째, 중국의 어느 지방에 가도 그곳에 진출한 한국 기업들이 있고, 대한무역투자진흥공사(KOTRA: 코트라) 지사나 대사관, 영사관 등이 있다. 이 사건에서도 문제가 발생한 초기부터 이들 기업이나 기관에 도움을 청하고 방법을 찾았으면 좀 더 유연하게 대처할 수 있었으리라 생각된다.

미련은 미련한 짓이다

R사는 국내 유수의 종합상사가 세운 중국 현지법인이다. 현지법인은 본사와 관련이 없는 그 자체의 비즈니스도 할 수 있지만, 일반적으로는 본사와 관련이 있는 비즈니스를 주로 한다. 현지법인도 자체로 이익을 내야 하지만 동시에 본사의 현지 영업도 뒷받침해야 하는 이중 부담을 지고 있어 운영하기가 쉽지만은 않은 조직체다. 더구나 과장, 가짜, 사기가 판치는 중국에서 법인을 운영하는 것은 그만큼 더 어려울 수밖에 없다.

어느 날 R사는 본사로부터 중국산 조기를 한국으로 수입하는 일을 처리해 줄 것을 부탁받았다. 중국산 조기는 중국의 동해에서 잡힌다. 중국의 동해는 한국의 서해와 연접해 있어 그곳 물고기들은 해상 경계선을 넘어 한국의 해역에 갔다 왔다 한다. 이 때문에 중국의 조기는 한국의 서해에서 잡히는 조기와 다를 게 없고 그 맛도 동일하여 한국의 수산물 수입업자들 사이에 인기가 높다.

한국의 본사는 국내의 수산물 유통회사로부터 수입 의뢰를 받은 것을 중국 현지법인에 처리해줄 것을 부탁한 것이었다. 이번 경우는 특히 소비가 많은 설을 앞두고 공급하기 위한 것이어서 무엇보다 납기를 지키는 것이 중요한 거래였다. 현지법인으로서도 본사와의 거래이자 전형적인 법인간 비즈니스인 만큼 심혈을 기울여서 처리해야 하는 업무였다. 잘 처리되면 본사와 현지법인 양쪽 모두 이익을 남길 수 있는 비즈니스였다.

중국의 조기 주산지는 옌타이(煙台)와 웨이하이(威海) 등이다. R사는 현지의 여러 중국 업체들을 힘들게 찾아다닌 끝에 어렵게 한국 본사에서 요구하는 품질과 포장 등을 맞출 수 있을 것 같은 업체를 발견하여 상담에 임했다.

"상담을 하기 전에 물건부터 우선 보여주실 수 있겠습니까?"

"좋습니다. 저를 따라 오시지요."

R사 관계자가 공장 지배인을 따라 가공공장 안에 들어섰다. 거기에서는 100여 명의 공원들이 조기를 규격별로 분류하여 글레이징(Glazing: 생선의 신선도를 유지하기 위해 피막에 물을 입혀 살짝 얼리는 일), 불량품 골라내기, 포장, 급속냉동 등의 작업을 하고 있었다. 중국의 수산물 공장으로서는 보기 드물게 선진화된 작업을 하고 있는 것이었다. 물건을 확인했으니 이제는 가격과 납기만 정하면 되는 일이었다.

"오퍼 가격이 너무 비쌉니다. 10%만 더 싸게 해주시지요."

"이 가격도 매우 낮게 제시한 것입니다. 우리 조기는 물건이 없어서 팔지 못할 정도입니다. 지금 확보하지 않으면 다시 확보하기 어려울 겁니다. 우리 조기는 당신네와 같은 한국 비즈니스맨들이 많이 찾고 있습니다."

가격이 다른 곳들보다는 다소 비싼 편이었으나 물건이 훌륭한데다 벌써 다른 한국 비즈니스맨들이 많이 찾는다고 하니, 게다가 납기를 맞춰줄 수 있다고 하니 마진을 좀 줄이더라도 오퍼 가격대로 구매하기로 결정하는 게 낫다고 R사 관계자는 판단했다.

"그럼, 좋습니다. 대신 납기는 절대로 지켜주셔야 합니다."

"물론입니다."

R사가 구매를 확정했다고 연락하자 본사는 한국 내 유통업자와 계약을 맺고 계약금을 수취한 뒤 R사 앞으로 신용장을 열었다. 모든 것이 순조롭게 진행되는 듯했다. 그런데 선적 기일을 2주 정도 앞두고 R사는 무언가 이상하다고 느꼈다. 작업 현황을 체크하기 위해 공장에 전화해보면 책임자는 없다고 하고 담당자라는 친구가 원료(어판장에서 사오는 조기)의 가격이 천정부지로 치솟고 있다느니, 요즘 조기가 잘 안 잡힌다느니 하며 그야말로 횡설수설하는 것이었다. 냉동 상태의 물건을 한국에 보내야 하기 때문에 컨테이너선이 도착할 날짜를 정해줘야 하는 마당에 어이없는 이야기였다. 처음에는 '계약까지 맺은 뒤에 원료 가격이 오르니 안타까운 마음에서 하는 소리겠지' 하는 정도로 생각하고 말았지만, 시간이 흐르면서 전화로 통화하는 것조차 어려워지니 불안해지기 시작했다.

"물건이 이상이 생기거나 납기에 문제가 생기는 것은 아니겠지요?"

"그런 일은 아마 없을 겁니다."

'없다'가 아니고 '아마 없을 것'이라니?

"내일 거기로 갈 테니 지배인에게 미리 연락을 좀 해주시겠어요?"

"지배인은 출장 가시고 여기에 없습니다."

"그래요? 그래도 연락은 될 것 아닙니까? 연락하여 공장에서 만날 수 있게 해주시오."

R사 관계자는 이렇게 부탁을 하고 다음날 공장을 찾아갔다. 그런데 지배인이라는 사람은 없었고, 그 밑의 주임이라는 친구가 나왔다.

"어떻게 된 일입니까?"

"……."

"언제 선적이 됩니까?"

"선적 기일을 한 달만 연기해 주십시오. 그러면 차질 없이 공급하겠습니다."

"무슨 이야기입니까? 공장에 재고가 있지 않습니까?"

"그 물건은 이미 다 팔린 겁니다."

"뭐라고요?"

"사실 그 물건은 지난번에 오셨을 때 이미 다른 곳과 계약이 다 돼있었습니다. 이미 다 팔린 물건이었다는 겁니다. 워낙 품질이 좋기 때문에 금세 팔렸지요. 그때 우리는 한창 조기 시즌이니 그런 물건을 오더 후 한 달 이내에 문제없이 만들어낼 수 있으리라고 생각했습니다. 그런데 이상하게도 조기가 잘 안 잡혔고, 그나마 요즘 어판장에 들어오는 조기 값이 워낙 비싸 그 값으로는 귀사와 계약한 가격에는 도저히 공급할 수가 없습니다. 우리도 이제부터는 손해 보는 셈 치고 좀 비싸게라도 원료를 구매할 테니 가격을 10%만 더 올려주시고 납기도 한 달만 연기해주십시오. 그러면 틀림없이 같은 품질의 제품을 문제없이 납기에 맞게 공급하겠습니다."

저 뻔뻔함. 그러나 어쩔 것인가? 소리를 지르면 없는 조기가 구해진다면 소리라도 지르련만. R사 관계자는 나중에 계약위반으로 클레임(배상청구)을 제기하더라도 지금 당장은 조기를 공급 받는 일이 먼저라고 생각했다. 다시 한참 동안 설전과 협상을 벌인 끝에 R사 몫의 마진을 거의 다 희생하고 가격을 10% 올려주고 납기를 15일 연기해주는 내용으로 재계약을 맺었다.

"재계약된 납기에서 단 하루라도 늦어지면 절대로 안 됩니다. 만일 납품이 조금이라도 늦어질 것 같으면 그 즉시 통보해주십시오.”

R사 관계자는 이런 말을 열 번도 더 한 뒤 귀사했다.

그런데 납기가 다가오니 이번에는 그 주임이라는 자와도 연락이 안 됐다. 다시 공장을 찾아갔으나 주임은 만날 수도 없었다. 게다가 100여 명이나 되던 작업장의 공원들은 다 어디로 갔는지, 대여섯 명만이 생선 부산물을 처리하고 있을 뿐이었다.

시사점

첫째, 중국인은 계약 위반에 대한 윤리적, 법률적 죄책감이 희박하며, 이는 지방으로 갈수록 더 심하다는 점을 명심해야 한다. 자신의 계약 위반으로 인해 거래 상대인 바이어가 어떤 손해를 보는지에 대해서는 대부분 별로 관심이 없다. 일단 계약을 맺어놓고 본다. 계약대로 할 수 있으면 좋고, 못 하게 되면 그만이라는 식이다. 계약 위반에 대비해 계약금을 걸거나 담보를 제공하라는 요구를 받아들이는 경우는 드물다. 그렇게 하지 않고도 얼마든지 상거래가 가능하다고 생각한다. 중국인의 이런 태도는 한국인이 특히 중국의 지방에서 계약을 맺을 때 유의해야 할 점이다.

둘째, 중국 비즈니스에서 반드시 명심해야 하는 또 한 가지 원칙은 ‘현장경영’이다. 발품을 팔아가며 항상 현장을 체크해야 한다. 중국인이 말하는 ‘커이(可以)’는 한국말로 번역하면 ‘할 수 있다’, ‘가능하다’이며, 영어의 ‘can’과 사전적으로는 의미가 같다. 그러나 이 말의 실제 속뜻은 ‘가능하니 이제 한번 시작해볼까?’ 정도임을 알아야 한다. 중국인이 “커이”라고 말하면 그 순간부터 뭔가를 가능하게 하기 위한 출발점에 서 있는 것이라고 봐도 무방하다. 그런데

외지에서 전화로 수도 없이 확인해봐야 돌아오는 소리는 '커이'일 뿐일 가능성
이 많다.

셋째, 중국인과의 비즈니스에서 '미련을 두는 것은 미련한 짓'임을 잊지
말아야 한다. 이 사건에서 가장 큰 문제점은 계약 위반의 가능성을 알았을 때 빨
리 그 구매처를 포기하고 다른 구매처를 알아봐야 했는데 그렇게 하지 못한 것
이다. 값이 좀 더 비싸고 품질이 좀 더 낮더라도 서둘러 대안을 찾아 움직였다면
최소한의 손해만 감수하고 구매처인 본사 및 본사와 계약한 유통업자에게 신용
을 잃지 않을 수 있었다. "가격을 올려주고 납기를 연장해주면 차질 없이 공급할
것"이라는 중국인의 말을 믿고 미련을 둔 것은 실수였다.

키포인트

첫째, 중국에는 국가가 대주주이고 베이징에 본부를 둔 '양유식품총공사(糧油
食品總公司)'가 있다. 이 공사는 수출입이 제한된 물건(일류(一流)상품)과 쿼
타 방식으로 한정하여 배정된 물건(이류(二流)상품)을 소화·공급하는 일을 주
로 하지만 수출입이 자유로운 물건(3류(三流)상품)의 수출입을 대행하는 일도
한다.

100% 믿을 수 있는 것은 아니지만 이 공사 사람들은 어느 정도 비즈니스 마
인드를 가지고 있다고 보면 된다. 반드시 조달해야 하는 식품이라면 이 공사와
의 거래를 통해 조달하는 것도 한 방법이다. 이 공사는 가공을 직접 하는 회사는
아니다. 따라서 이 공사를 통해 식품을 조달하는 것은 이 공사에 조달을 대행시
키는 것과 같다. 다시 말해 중국인을 시켜 거래 상대 중국인을 관리하게 하는 것
이다. 중국인은 우리가 직접 중국인을 대할 때와 다른 방법으로 거래 상대 중국

인을 관리한다. 그들만의 거래처 관리 노하우가 있는 것이다. 단, 대행료가 가격에 추가되는 것은 감수해야 한다.

둘째, 어느 정도 진행된 거래일지라도 중도에 '이게 아니다' 라고 판단되면 그 거래를 빨리 접고 대안의 길을 찾는 것이 중국인과의 비즈니스에서 반드시 가져야 할 현명한 태도다. 나도 처음에는 어떻게 하든지 일단 맺은 계약이라면 끝까지 성사시켜보려고 노력했다. 그러나 그런 경우 끝내 계약이 성사되지 않거나 호미로 막을 것을 가래로 막게 된 적이 한두 번이 아니다. 거래가 어그러지면 본사에 이야기하기도 어렵고 당장 손해를 보게 되는 것이 싫어서 어떻게든 설득과 타협을 병행하여 계약을 그대로 이행시켜 보려고 하다가 시간을 놓쳐 이도 저도 안 된 경험이 많다. 중국 비즈니스에서는 본사로부터 "바보 같은 친구"라는 핀잔을 듣거나 자신이 다소 손해를 보게 되더라도 '안 되는 일' 이라고 판단하게 되면 빨리 손을 터는 것이 지혜다.

셋째, 중국 비즈니스에서 아무리 강조해도 지나침이 없는 것 중 하나가 현장을 지키는 것의 중요성이다. 꼭 필요한 물건이고 납기를 반드시 맞춰야 하는 물건이라면 현장에 가서 지키고 앉아 있어야 한다. 꼭 자기가 아니라도 좋다. 믿을 만한 중국 현채인을 시켜 현장을 지키게 한다면 문제가 발생할 경우 즉시 파악하고 대처할 수 있을 것이다.

19

한국 회사에 또 팔아먹지, 뭐!

10여 년 전부터 지금까지 중국에서 끊임없이 발생하는 사고의 유형으로 창고보관 물품의 도난, 허위 보관증이나 허위 출고증을 이용한 창고보관 물품의 편취, 그리고 이와 연관된 것으로 추정되는 위탁매매 사기 등이 있다.

물건을 중간에서 사고파는 거래에서 물건을 구매하여 바로 넘기지 않고 일정 기간 보관하고 있어야 할 경우에는 어쩔 수 없이 창고에 보관해두어야 한다. 그런데 사기꾼이 창고업자와 짜고 보관해둔 물건을 편취하는 것을 막기가 대단히 어렵다. 이 때문에 몇몇 한국계 종합상사는 아예 중국 현지에는 재고를 두지 못하게 한다.

창고에 물건을 보관하는 일과 관련된 비즈니스 중 하나로 위탁매매를 들 수 있다. 중국에 진출한 한국계 법인에게 위탁매매는 뿌리칠 수 없는 유혹 중 하나다. 그야말로 먹지 않으면 먹히는 정글의 법칙이 적용된다는 중국에서 중국 사람들을 상대로 장사를 하여 돈을 벌기가 쉽지 않고, 가격을 예측하거나 상황의 변화에 대응하기도 쉽지 않다. 그런데 얼핏 보기에 위탁매매는 별다른 위험도 없어 보이고, 많은 수고를 하지 않고도 매출을 올리고 이익도 낼 수 있어 보인다. 그러나 이런 위탁매매라는 비즈니스 형태에도 중국에서는 외국인인 한국 사람들이 알아채기 어려운 함정이 있다. 특히 중국인들끼리의 인맥이 활용되는 사기성 거래가 많다.

한국 기업의 중국 현지법인인 T사의 한국인 부장에게 어느 날 '화학제품 트레이더(Trader)' 라는 중국인 몇 명이 찾아왔다.

"위탁구매를 부탁드리기 위해 왔습니다. PTA(Purified Terephthalic Acid, 고순도테레프탈산: 페트병의 원료로 쓰이는 화학제품)를 저희 대신 사주십시오. 위탁구매에 대한 수수료는 충분히 드리겠고, 모든 위험은 저희가 지겠습니다. 구매 후 판매처도 이미 지정돼있습니다."

"좀 더 구체적으로 말씀해주시지요."

"구매하는 물건 값 전액의 20%를 계약금으로 걸겠습니다. 그 물건은 현재 XX창고에 보관돼있는 YY사 물건입니다. 구매가격도 저희가 YY사와 이미 합의한 상태입니다. 물건에 하자가 없다는 것도 서로 확인했습니다. 귀사는 창고에서 물건을 확인하고 나서 입고증을 귀사 명의로 창고업체로부터 정식으로 발급받은 다음에 저희가 거는 계약금과 나머지 80%의 돈을 YY사에 지불하고 물건을 그 창고에 보관하고 있다가 2달 안에 저희에게서 잔금 80%와 수수료 3%를 받으시고 물건을 저희에게 넘겨주시기만 하면 됩니다. 혹시 두 달 안에 저희가 물건을 가지고 가지 못하게 되면 그 후 1달 동안에는 물건 값의 1%를 이자로 더 지급하겠고, 총 3달이 지나도 저희가 물건을 가져가지 않으면 저희가 거는 계약금을 몰수하시고 물건은 전매해도 됩니다. 창고료는 저희가 다 부담하겠습니다."

"왜 YY사로부터 직접 구매하지 않으려는 건가요?"

"저희야 시장을 잘 아니 물건 구매 후 이문을 남기면서 판매할 거래 상대방은 얼마든지 찾을 수 있으나 자금상의 문제로 당장에 물건 전부를 다 살 수는 없기 때문입니다. 부탁드린 대로만 해주시면 저희는 지금 동원할 수 있는 자금력에 비해 5배의 물건을 확보할 수 있게 됩니다."

아무리 생각해봐도 위험이 없고 손 짚고 헤엄치기 같은 장사였다. 총 거래액이 2천만 런민비(약 35억 원) 정도이니 위탁매매 수수료가 3%라면 두 달 만에 별다른 노력 없이 60만 런민비(약 1억 원)의 돈을 벌 수 있는 거래였다. 일종의 금융거래인 셈이었다. 뿌리치기 힘든 유혹이었다. 그러나 조심에 조심을 거듭한다는 생각으로 하나하나 짚으면서 거래를 시작했다.

우선 위탁매매를 의뢰한 중국 트레이더로부터 구매대금의 20%를 받았다. 그 뒤에 판매자인 YY사와 구매계약을 맺었다. 그리고 그 구매계약을 근거로 창고 측에 물건 보관자 명의의 변경을 요구하여 T사 명의로 보관증을 받았고, 창고에 있는 물건도 확인했다. 얼마 후 80%의 돈을 보태어 YY사에 물건대금을 지불했다.

그런데 어느 날 생각지도 못한 곳에서 일이 터졌다. 창고에 보관해둔 물건에 대해 전혀 알지 못하는 중국 회사 ZZ사의 압류가 들어왔다고 현채인이 보고해왔다. ZZ사는 YY사와 PTA 구매계약서를 작성하면서 대금의 50%를 바로 지불하고 나머지 50%는 물건 인수 후 지불하기로 했는데 물건이 인도되지 않았으므로 물건에 대해 압류를 시행한 것이라고 했다. T사로서는 마른하늘에 날벼락 같은 소리였다. 엎친 데 덮친 격으로, 창고를 조사해보니 보관된 물건 중 남아있는 건 절반뿐이었다.

ZZ사도 물건을 구매하기 전에 YY사 명의로 교부된 창고보관증을 확인했다는 것이었다. 추측컨대 YY사가 한국 T사와 판매계약을 맺기 전에 ZZ사에 물건을 넘겨주기로 하고 50%의 대금을 받아 챙기고 창고에 보관된 물건에 대한 소유 증명까지 해준 다음에 트레이더와 짜고 T사에 이중으로 물건을 판 것이었다. 뿐만 아니라 T사와 ZZ사 둘 다 모르는 상태에서 제3자에게 보관된 물품의 절반을 헐값에 현찰을 받고 팔아 버린 것이었다. T사는 복잡한 사기사건에 휘말린 셈이었다.

그때 YY사는 이미 폐업한 상태와 다름없었다. 창고업자는 T사가 계약을 맺을 때 T사 직원이라며 상대역을 한 사람은 자기네 직원이 아니며, 창고 보관증의 날인도 가짜라고 주장했다. 그 사람은 이미 도주하여 행방도 모른다고 했다. 트레이더란 친구들도 행방이 묘연했다. YY사, 창고업체의 일부 직원, 그리고 트레이더 등 3자가 공모한 사기행각임이 분명했다.

T사는 아직 남아있는 물건에 대한 소유권을 주장하는 것 외에 달리 방도가 없었으나, 중국의 법원이 누구 손을 들어줄지를 알 수가 없었다. 보관증을 근거로 창고업체를 상대로 손해배상 청구 소송을 해야 했지만, 이것도 쉽지 않았다. 이 사건은 앞에서 소개한 화학제품 도난 사건과 유사하긴 하지만, 그 사건은 창고업체 직원이 물건을 팔아 치우고 도주한 것인 데 비해 이 사건은 위탁매매라는 이름으로 자행된 2중, 3중의 판매 사기극이었다.

시사점

중국에서 창고보관업은 가장 뒤떨어진 비즈니스 분야 중 하나다. 창고를 주먹구구식으로 운영하는 데다가 외국인 거래자는 알 수 없는 자기들끼리의 인맥에 따라 보관증과 관계없이 물건이 출고되기도 한다. 특히 한국인 거래처와 거리가 먼 창고의 경우에는 한국인이 그 창고를 운영하는 중국 업체를 관리하는 것 자체가 쉽지 않다. 이 사건과 같은 종류의 사건은 내가 처음으로 중국에서 근무하기 시작한 1991년부터 오늘날까지 중국에서 빈번하게 발생하고 있다. 누군가가 물건을 팔고 도망치고 나면 그 넓은 중국 땅에서 그 사람을 어떻게 찾아내겠는가.

키 포 인 트

첫째, 알지 못하는 중국인이 트레이더(Trader)라면서 찾아와서 거래를 하자고 하면 주의해야 한다. 중국에서 트레이더는 일종의 브로커라는 사실을 명심해야 한다. 특히 트레이더가 놓치기 싫을 정도로 좋은 거래조건을 제시하거나, 터무니없이 많은 수수료를 주겠다고 하거나, 위험이 전혀 없어 보이는 거래를 하자고 하면 조심해야 한다. 돈이 될 만한데 위험이 전혀 없는 비즈니스가 어디 있겠는가?

둘째, 아무리 현지법인이라 하더라도 이 사건에서 소개된 이른바 '재고장사'는 가급적 하지 말아야 한다. 중국에서 재고장사 분야는 중국인들도 꺼리는 복마전 중의 복마전이다.

셋째, 재고장사나 위탁매매를 어쩔 수 없이 해야 할 경우에는 믿을 만한 현채인을 창고에 상주하게 하는 등 별도의 관리대책을 세워야 한다.

20

중국 주재원과 부동산투기

내가 해외 주재원으로 외국에서 근무하기 시작한 때는 종합상사 과장 시절, 그러니까 1987년이었다. 당시에 해외 근무지로 가장 인기 있는 곳은 로스앤젤레스, 파리, 런던 등이었다. 그런 곳에 가서 근무할 수 있으려면 능력도 있어야 하지만 이른바 '빽'도 필수적이었다. 그래서 누가 그런 곳에 발령되면 "누구 빽이지?"라는 물음이 자연스럽게 뒤따랐다.

요즘은 어떨까? 직장인이 선호하는 해외 근무지를 조사해보니 상하이(上海)가 1순위, 베이징(北京)이 2순위, 칭다오(靑島)가 3순위로 나왔다는 얘기를 누군가에게서 들었다. 3순위까지는 다 중국의 도시다. 한국의 경제와 문화 수준이 그동안 꽤 높아져서 미국과 유럽의 도시에 가서 생활하는 것이 그리 부러운 일이 아니게 됐다. 그래서 미국과 유럽의 도시가 더 이상 해외 근무지로서 인기 있는 곳이 아닌 것이다.

　　그러면 왜 그 대신 중국일까? 중국에는 한국에 있는 것은 모두 다 있다. 한국에서 생활하는 것과 거의 같은 생활을 할 수 있다. 비행기로 두 시간 거리에 불과한 지리적 요인도 한 몫 한다. 일단 중국에 갔더라도 원하면 언제든지 돌아올 수 있다. 이유는 또 있다. 앞으로 중국의 시대가 펼쳐질 것이라고들 한다. 벌써 미국과 중국을 G2로 통칭하지 않는가? 이럴 때 중국에 가서 중국말도 배우고 중국과의 비즈니스도 익혀두면 장래에 큰 도움이 될 것이 분명해 보인다. 아이들 교육을 위해서도 좋다. 한국에서는 아이들 교육에서 대학입시가 매우 중요한데, 해외 주재원의 자녀에게는 대학입시에서 특례입학 혜택이 주어진다. 중국은 한국과 가까울 뿐만 아니라 유럽이나 미국에 비해 한국인 유학생에게 유리한 교육제도가 갖추어져 있다. 이것도 특례입학에 할당된 자리를 놓고 해외 주재원 자녀들이 경쟁할 때 중국 주재원 자녀들에게 유리한 요소다.

　　이런 여러 가지 이점 외에 중국 주재원이 누리는 이점이 또 하나 있다. 이재(理財), 즉 돈을 벌고 불릴 수 있는 곳이 중국이다. 생활비가 한국에서보다 훨씬 적게 들기 때문에 급여를 덜 지출하고 더 많이 저축할 수 있다. 이보다 더 매력적이며 공공연한 비밀인 부분이 있다. 그것은 부동산 투자를 통한 이재가 가능하다는 점이다. 한국에서는 과거지사가 된 부동산 전성시대가 중국에서는 현재 눈앞에 펼쳐져 있다.

　　"저, 저……."

　　U사의 상하이 주재원인 김 부장이 현지법인 사장을 찾아와 말을 더듬었다.

　　"무슨 일인데 말까지 더듬고 그래. 무슨 사고 났어?"

　　"그게 아니고, 재직증명서를 좀 끊으러 왔습니다."

　　"그건 어려운 일도 아닌데, 그렇게 말을 어렵게 꺼내는가?"

　　"근데, 재직증명서의 용도 난에 '은행대출용'이라고 써주셔야 합니다. 또 궁장(公章: 법인 인감) 날인도 필요합니다."

"은행대출? 무슨 대출을 왜 받으려고 하는 건가?"

"아파트를 하나 장만하려고 합니다."

그제야 무슨 이야기인지가 명확해졌다.

주재원 김 부장의 계산은 간단했다. 예를 들어 자기가 1억 원의 돈을 가지고 있다면 3억 원을 은행에서 빌려서 4억 원짜리 아파트를 사는 것이다. 은행의 주택담보대출 이자는 은행마다 약간의 차이가 있지만 최근에는 연 6~7%대 정도다. 3억 원을 빌리고자 한다면 월 150만~200만 원의 이자를 부담할 수 있으면 된다. 그런데 중국 주재원에게 지급되는 월 주거비(실비 정산 기준)는 직급에 따라 다르지만 대체로 200만~300만 원 정도다. 따라서 은행 대출을 받아 현지의 아파트를 구매하여 거기서 살면 지급받는 주거비로 은행 이자를 다 내고 남는 돈으로 생활비에 보탤 수 있다. 4~5년간 주재원 생활을 하고 나서 돌아갈 때가 되면 구매한 아파트의 시세가 2배가 돼 있을 수도 있다. 실제로 그렇게 된다면 은행 대출금을 다 갚고서도 재산이 1억 원에서 5억 원으로 불어나 있을 것이다. 원금 대비 400%의 수익을 올릴 수 있다는 얘기다.

"좀 생각해볼 테니 나가 있어."

"부탁드리겠습니다. 꼭 그렇게 해주십시오."

"글쎄, 나가 있으래도."

"예……."

사장(현지법인장)의 입장에서 부하 직원이 재직증명서를 발급해 달라는데 안 해주기는 곤란했다. 그렇다고 선뜻 발급해주기도 망설여졌다. 모럴 해저드(Moral Hazard: 도덕적 해이)가 우려되기 때문이었다. 주재원 생활의 유리한 점을 이용해 돈을 좀 벌겠다는 것은 이해할 수 있었다. 그러나 착실히 일해서 돈을 모으겠다는 것이 아니라 부동산투기로 일확천금하겠다는 태도에는 못마땅한 느낌을 지울 수 없었다. 게다가 그렇게 쉽게 큰돈을 벌게 되면 회사에서 주는 급여는 적게 보이고, 그러다 보면 또 다른 욕심이 생길 것이 염려됐다. 회사에서 주재원에게 거주비를 주는 것은 거주에 따르는 실비를 주는 것이지 집을 사는 데 따르는 이자를 주거나 다른 곳에 사용하라고 주는 것은 아니지 않은가. 본사 직원들과의 형평성 문제도 생각하지 않을 수 없는 문제였다. 그러나 며칠간 고민하던 사장은 마침내 김 부장의 요청을 들어주었다. 단 사후에 어떤 일이 생기더라도 본인이 전부 책임진다는 각서를 받은 후에.

김 부장이 은행대출용 재직증명서를 발급받았다는 이야기를 들은 다른 주재원들의 재직증명서 발급 요청이 봇물을 이루었다. 들어주지 않을 수 없었다. 그런데 결국 나중에 문제가 생겼다. 본사가 기업개선작업의 영향으로 구조조정에 들어갔고, 그 일환으로 중국 주재원 수를 대폭 줄여서 다수의 인원을 주재임기가 남았는데도 본사로 발령하게 된 것이었다. 그때는 중국의 부동산 거품도 꺼져가는 시기였다. 아파트를 팔기도 어려웠고, 월세 놓기도 쉽지 않았다.

김 부장을 비롯해 본사로 발령받은 몇몇 주재원들은 사놓은 아파트를 팔려고 했으나 팔리지 않았고, 월세 입주자도 구할 수 없었다. 일부는 그래도 구매한 가격보다 훨씬 낮은 가격에 아파트를 처분할 수 있었다. 그러나 다수는 미처 아파트를 되팔지도 못하고 월세 입주자도 구하지 못한 채 귀임 날짜에 맞춰 쫓기듯 한국으로 돌아갔다. 아파트를 빈집인 상태로 그냥 놔두고 귀국한 주재원도 많았다. 귀국 후에 그들은 매달 수백만 원씩 생돈을 중국 은행에 납부해야 했다.

시사점

중국의 부동산 시세가 단기적으로 오르내리는 굴곡은 있을지언정 장기적으로 상승추세라는 것은 의심할 여지가 없다. 특히 고급에 속하는 아파트의 경우는 더 그러하다. 중국에 주재하게 된 한국인의 눈으로 보면, 집에 대한 중국인의 수요가 나날이 커지고 있으므로 수요공급의 원리상 집값이 상승할 것이 불을 보듯 뻔하다. 한국의 개발시대를 떠올려 봐도 다른 답이 있을 수 없다. 게다가 중국 은행들은 신분만 확실하면 아파트 시세의 70%까지 담보대출을 해준다. 말만 잘하면 시세의 70% 이상도 대출받을 수 있다.

한국에서 1억 원 정도의 돈만 중국으로 가져가면 은행 대출을 2억~3억 원 정도 얻어 3억~4억 원 정도 하는 아파트(중국에서 이 정도면 꽤 괜찮은 아파트다)를 구매할 수 있다. 2006~2011년에는 상하이나 베이징 같은 중국 대도시 중에서 아파트 가격이 50~100%나 치솟은 곳이 많았다.

그러나 주의할 점이 있다. 중국에서는 토지 소유권이 아직 국가에 있다. 아파트와 같은 부동산의 매매는 소유권의 매매가 아니라 사용권의 매매다. 부동산 매매의 개념이 한국과 다른 것이다. 부동산을 사고파는 절차도 복잡한 편이다. 중국인은 애초부터 그런 줄 알고 있으므로 이런 게 별로 문제가 안 된다. 하지만 한국인이 중국의 부동산을 매매해보면 정말이지 인내를 테스트 받는다고 해도 과언이 아닐 정도임을 알 수 있다. 그만큼 시간과 노력이 필요하고, 상당한 인내심이 요구된다.

키포인트

첫째, 재직증명서를 제출하고 담보대출을 받아간 한국인 주재원이 한국의 본사로 귀임한다고 하면 중국 은행이 대출금을 상환하라고 요구할 수 있다. 이런 경우에 급하게 아파트를 처분하려고 하면 자칫 원금도 건지지 못하게 될 수 있다. 현지법인장의 입장에서 부하 직원인 주재원이 이런 일을 당하면 곤혹스럽다. 그런데 다행히도 U사 현지법인의 경우는 주재원이 중국에 계속 있게 되는지, 아니면 곧 귀국하게 되는지를 문의해온 중국 은행이 없었다. 그러나 이런 경우에도 현지법인장은 부하 직원이 은행대출용 재직증명서를 발급해달라고 요구할 경우에 어떻게 대응할 것인지를 곰곰이 생각해볼 필요가 있다.

둘째, 중국에 주재하면서 구매한 아파트에 입주할 세입자를 구하지 못해 월세도 놓지 못하고 한국 본사로 귀임하면 더 이상 현지 주거비 지급을 받지 못해 매달 최소 100만 원 이상의 생돈을 중국 은행에 이자로 갖다 바쳐야 한다. 이 경우 그럴 돈을 마련하는 일도 부담스럽지만, 그만한 돈을 현지 화폐인 런민비로 바꾸어 송금하는 일도 여간 번거롭지 않다. 우선 송금하는 명목이 떳떳하지 않다. 중국 현지에서 부동산을 구입할 때 한국은행(사실상 정부)의 정식 허가를 받고 구입한 게 아니기 때문이다. 중국 주재원의 현지 부동산 구매는 한국은행의 정식 허가 없이 이루어지는 경우가 대부분이다. 그 이유는 시간적인 문제, 자금 출처상의 문제, 까다로운 검사를 피해야 하는 문제 등에 있다. 현실이 그렇다면 이제는 한국의 정부나 은행이 일정 금액 이하의 해외 현지 부동산 구매에 대해서는 허가 대신 신고만으로도 가능하게 하는 조치를 취할 필요가 있지 않을까 한다.

21

야반도주 외에는 방법이 없었어요

V사 사장 Z씨는 오래 전 필자와 같은 종합상사를 다녔던 필자의 회사 후배다. 최근 중국도 여러 가지로 중소기업이 사업을 영위하기에 쉽지 않은 많은 규제가 생겨나고 있지만, 그래도 Z씨는 그런대로 칭다오(靑島)에서 중국인과 합자하여 사업을 잘 영위하고 있다고 알고 있던 저자에게 뜻밖의 소문이 들려왔다. Z씨가 칭다오에서 영위하던 사업, 즉 공장을 팽개치고 '야반도주' 했다는 것이었다.

'그럴 리가?' Z씨와 20여 년 이상 알고 지낸 필자는 아무리 사업이 어렵다 해도 그가 운영하던 공장을 팽개치고 야반도주할 사람은 아니라고 확신했다. 평생 남에게 손해되는 일을 한 적이 없는 착실한 사람이 '야반도주' 라니? 도저히 믿을 수가 없었던 터라 여러 군데 수소문한 끝에 Z씨와 연락을 할 수 있었다. 사유는 다음과 같았다.

Z씨는 중국 산둥 지방의 칭다오 시에서 V사를 설립하여 가방 공장을 운영

하고 있었다. 원래는 한국에서 가방 제조업을 했으나, 이것도 노동집약적 사업이어서 한국에서는 노무비 상승, 각종 환경규제, 시장상황 악화로 더 이상 사업을 영위하기 힘들었다. 그래서 그는 2000년대 초에 한국의 공장과 재산을 정리하고, 부하 직원으로 오래 같이 일해 온 P씨와 함께 중국 칭다오로 생산 거점을 옮긴 것이었다. 칭다오를 선택한 것은 그곳이 한국과 지리적으로 가까운데다가 이미 한국 중소기업들이 그곳에 많이 진출하여 호황을 누리고 있다는 얘기를 들었기 때문이었다. 아무래도 중국에 대해 잘 모르는 그들로서는 현지 중국인과의 합자로 진출해야 했다.

이미 그곳에 진출한 다른 한국 중소기업인들과 마찬가지로 Z씨도 진출 초기에는 그런대로 재미를 보았다. 생활하기도 편했다. 갈수록 한국 기업이 많아지자 인근에 한국 식당은 물론이고 찜질방을 비롯해 한국인을 대상으로 한 각종 편의시설도 들어서고 한국인 거리까지 생겨나서 사는 데 불편함이 없었다. 그런데 문제가 예상치 못한 곳에서 생겨나기 시작했다. 중국 정부의 가이드라인이 적용되는 최저임금이 해마다 높아지는데다 원자재 가격도 상승하여 갈수록 기업 활동이 어려워지게 됐다. 주변에서 철수를 고려하는 기업들이 늘어나고 있다는 소문도 들렸다.

V사와 같은 중소기업은 대기업과 달리 기술개발이나 시장개척에 한계가 있는 데다가 노무비 의존도가 높기 때문에 노무비가 해마다 올라가는 환경 속에서는 회사를 유지하는 것이 어려웠다. V사도 철수를 고려했다. Z사장은 P씨와 이 문제를 놓고 상의했고, 공장 관리를 맡고 있었기에 회사 사정을 잘 아는 P씨도 이해해주어 공장 철수를 결행하기로 했다.

"혹시 중방 파트너나 중국인 직원들이 동요할지도 모르니 그들은 모르게 철수하려면 무엇부터 해야 하는지를 내일부터 조사해보세. 우리도 손해를 안 보고 철수해야겠지만, 그래도 오랫동안 한솥밥을 먹은 중국 친구들도 손해를 보지 않도록 최대한 배려하여 원만하게 처리하도록 하자고.”

“예, 그래야지요. 한 3개월여 시간을 가지고 조사해보겠습니다.”

그런데 며칠 뒤 Z씨를 찾아온 P씨의 안색이 좋지 않았다.

“사장님, 큰일 났습니다. 공장을 시작하기보다 끝내기가 더 어렵습니다.”

“그게 무슨 말인가?”

“우선 칭다오 시에서 철수하기 위해서는 정상적으로 내야 하는 세금 외에도 시 당국이 투자유치 차원에서 지난 2년 동안 감면해준 세금을 전부 납부해야 하고, 땅을 공급할 때 싸게 매겨준 만큼의 땅값 차액도 다 내놓아야 한답니다.”

“뭐라고?”

“그뿐만이 아닙니다. 직원들에 대한 ‘경제보상금’ 이란 명목으로도 상당한 금액을 직원들에게 내놓아야 합니다. 그런 후 최초 투자허가 기관으로부터 사업 철수에 대한 인가를 받아야 하는데, 여간해서는 인가 자체를 내주지 않을 뿐만 아니라 설혹 내준다 해도 1~2년 이상 시간이 걸리는 것은 보통이라고 합니다.”

그가 알아본 내용대로 다 시행하려면 공장의 건물과 기계를 다 팔아도 모자랄 판이었다.

“참 어이가 없구먼. 아무리 사회주의 국가라 해도 이럴 줄이야. 이렇게 해보면 어떨까. 인수에 관심이 있는 업체를 물색해보세. 좀 손해 보더라도 ‘지분양도’ 방식으로 중국인에게 공장을 넘기는 게 어때?”

“한번 알아보겠습니다.”

그런데 며칠 뒤 다시 찾아온 P씨의 말은 더 가관이었다.

“지분양도 방식은 더 어려운 것 같습니다. 1차 어려움은 중국 규정이 합자 회사 경우 먼저 현재의 중방 측에 매입 의사를 타진한 뒤 매입할 의사가 없음이 확인된 경우에만 제3자에게 지분을 매각할 수 있게 돼있는데, '제3자에게 지분을 매각한다'는 얘기를 중방 측에 전달했을 때 그들이 어떤 반응을 보일지 모른다는 데 있습니다. 2차 어려움은 제3자에게 매각할 수 있게 됐다고 해도, 애초에 기존 합작 상대방에게 제시했던 가격보다 더 낮은 가격을 그 제3자에게 제시할 수 없을 뿐 아니라 그 제3자에 관해 합작 상대방의 동의를 얻어야 한다는 데 있습니다. 이런 규칙을 위반하면 매각 자체가 무효라고 합니다. 마지막으로 3차 어려움은 지금과 같이 어려운 시기에 우리 공장을 매입할 제3자가 과연 있겠느냐는 데 있습니다. 제3자에게 매각하는 경우에도 우리 공장이 초기 투자 때 받은 모든 혜택이 취소되고, 감면받았던 세금도 다 납부해야 하기 때문입니다. 지분 양도가 어렵다면 결국 청산이나 파산을 해야 하는데, 이미 말씀 드린 대로 그건 어렵습니다."

머칠을 고민하던 Z씨는 그나마 가능성 있는 방법은 기존 합작 파트너에게 공장을 넘기는 것이라고 생각했다. 공장 건물이나 기계 등의 가격을 아주 싸게 제시한다면 합작 파트너가 받아들일 수도 있을 것이라고 생각한 것이었다. Z씨는 어느 날 중방 측 책임자를 만나 의중을 떠보았다. 갈수록 악화되는 경영상황 속에서 더 이상 버티며 기다릴 수가 없었던 것이다. 그러나 이야기가 시작되자마자 그것은 불가능한 일임을 깨달았다.

중방 파트너가 품고 있다고 추측되는 생각은 간단하고 명료했다. '공짜로 먹을 수 있는 것을 왜 돈을 주고 사겠느냐'는 것이었다. 게다가 중방 측과 이야기를 나눈 후 상황이 더 악화됐다. 회사가 곧 문을 닫을지 모른다는 소문이 퍼지기 시작했다. 회사 사정을 잘 아는 중방 측은 회사가 내야 할 세금도 안 낸 채 문을 닫게 되는 것을 제일 크게 염려했다. 공원들은 V사가 혹시라도 노임 지급을 연체하고 떠날 것을 염려하여 그날 이후 일은 하는 둥 마는 둥하며 한국인 사장

Z씨와 관리자 P씨를 감시하는 듯한 태도마저 보였다.

"방법이 없었어요. 우선 가족의 안위부터 걱정해야 하는 처지였어요. 남아 있는 재산을 챙기는 것은 엄두도 못 냈어요. 그날 이후 회사에서 조금 큰 금액의 돈이 나가기만 하면 자기네들끼리 수군거리는 소리가 들리는 듯했고요. 여차하면 폭력이라도 휘두를 태세였어요. 우선 P씨를 출장 형식으로 한국으로 보냈고, 그 뒤 연휴가 있는 때를 틈타 가족을 한국으로 보냈지요. 그런 다음에는 나도 '야반도주' 밖에 할 수 있는 게 없었어요. 정말 징글맞았어요."

후배 Z씨는 이렇게 푸념했다.

시사점

중국에서 외국인투자기업의 청산이나 파산에는 1996년부터 시행됐던 절차와 방법 대신 2005년에 수정된 '중화인민공화국회사법'이 적용되고 있다.

그러나 외자기업 관련 법규의 청산 조항들이 여전히 수정되지 않고 있어 이 법이 실제 적용될 때 불명확한 부분이 많다. 청산 관련 법규가 정돈되고 정착되려면 많은 시간이 필요해 보인다. 파산은 법원에 파산 신청을 하여 파산 선고를 받은 기업이 정해진 절차에 따라 진행하게 돼있는데, 실제로는 이 절차에 관한 법규도 불명확한 조항이 많아 외국인이 이용하기가 쉽지 않다.

현지의 중국 기업도 청산을 진행하는 과정에서 노동자, 채권자 등과의 분쟁이 발생할뿐더러 세관, 세무서, 국유자산관리위원회 등에 통보하고 신문에 공고하는 등의 절차를 진행하는 동안 시간이 얼마나 걸릴지 알 수 없고, 어떤 문제가 생길지도 알 수 없다. 중국 기업도 여간해서는 정식으로 청산이나 파산 신청을 하지 않는다.

키포인트

중국에서는 사업을 시작하는 것 이상으로 사업을 접기가 쉽지 않다. 중국에서 사업을 시작할 때는 무작정 '일단 시작해 놓고, 잘 안 되면 그때 가서 보자' 하는 마음을 갖기보다 만일의 경우를 미리 생각해두는 것이 지혜로운 태도다. 특히 합자나 합작으로 사업을 시작할 경우에는 더욱 면밀한 조사가 필요하다.

여러 사례에서 보았듯이 중국인과의 합작에서는 '터놓고 이야기해서 도움을 받아보자'는 생각은 안 하는 게 좋다. 또한 중국 정부의 규정이나 정책을 수시로 살펴보고 만약의 경우에 미리미리 대비해두는 것이 필요하다. 노임의 경우 앞으로는 지역에 따라서는 한국보다 더 높지 말란 법이 없다. 업종도 가려 받고 외국인 투자 지역도 제한하겠다는 것이 외국인 투자에 대한 중국 정부의 요즘 정책 추세다. 여러 가지 여건상 어쩔 수 없이, 또는 새로운 희망을 품고 중국에 진출하려고 한다면 한국에서 사업을 할 때보다 훨씬 더 많은 조사와 준비가 필요하다.

나는 1995년 나의 중국 경험을 토대로 《우마차 타고 핸드폰 든 중국》(소나무출판사)이라는 책을 써서 펴냈고, 이를 통해 초기 중국 진출자들의 비즈니스 활동에 작으나마 도움을 주게 된 것에 보람을 느꼈다. 그로부터 꼭 10년 후인 2005년에는 본격적으로 중국 진출에 나서는 한국 기업들에 참고도서가 되기를 바라면서 《마지막 남은 기회의 땅, 중국》(영진미디어)이라는 두 번째 저서를 냈고, 이를 통해 실패 경험담을 중심으로 중국 비즈니스에 관한 지식과 정보를 후발로 중국에 진출하는 한국 기업인들에게 전해주었다.

이번에 내게 된 나의 세 번째 저서인 이 책에서는 중국에서 실제로 일어난 비즈니스 관련 사건과 재판, 그리고 그 결과 등을 소개함으로써 중국 비즈니스에 관심을 가진 한국인들에게 경각심을 주고자 했다. 이는 갈수록 더 잘 알게 되기는커녕 더 모르게 되는 것 같은 중국에 대해 단정적인 조언을 하기보다는 실제로 있었던 사건의 경위와 실태를 그대로 보여주고, 그런 사건이 일어나게 된 배경과 사건의 내용, 문제점, 시사점 등을 짚어보는 것을 통해 독자와 함께 생각해 보는 시간을 갖기 위해서였다.

프롤로그에서 잠시 언급했던 대로 오늘날 우리가 중국을 이해하는 데서 키워드로 삼아야 할 것 중 가장 중요한 하나는 '지역'이다. 이는 중국을 지역별로 구분하여 접근해야 한다는 말이다. 이와 더불어 우리는 중국이 과연 그동안 보여준 것과 같은 발전을 앞으로도 계속 해나갈 수 있을까 하는 관점에서 중국을 바라보아야 한다. 우리가 중국을 직시해야만 중국의 변화에 올바로 대비할 수 있기 때문이다.

상하이(上海)의 화려한 야경과 베이징(北京)의 첨단 연구시설, 기타 중국의 중견 도시들에서 무서운 속도로 하늘 높이 올라가는 초고층 빌딩 숲의 뒷골목에는 그와 대조적으로 쓰러져 가는 황폐한 집들이 존재하고, 사실 그런 집들이 더 넓은 면적을 차지하고 있다. 메르세데스 벤츠와 베엠베(BMW) 차량이 질주하는 중국 대도시 거리의 양편에는 자전거와 손수레를 교통수단으로 삼고 고단하게 일하는 인민의 삶이 있다. 도시의 발전을 먼 나라 일로 생각하는 다수의 농민도 존재한다. 전 세계 500대 기업에 들어가는 중국의 대형 회사가 늘어나는 이면에는 중국의 아킬레스건이라고 하는, 죽이지도 살리지도 못하는 부패한 대형 국영기업이 있다. 도저히 뚜껑을 열 수 없는 판도라의 상자처럼 돼버린 국유은행도 있다. 이제는 거스를 수 없는 대세가 된 개혁개방은 중국을 지탱하는 원리인 공산주의의 각종 모순과 충돌하고 있다. 그런가 하면 국가의 지시에 얌전하게 따르기만 하던 중국의 민중이 이제는 제 목소리를 내기 시작했다. 중국은 과연 그동안과 같이 향후에도 계속 앞으로 나아갈 수 있을까?

이는 한국인의 비즈니스뿐만 아니라 한국의 미래와도 직결되는 중대한 문제다. 우리에게 지금의 시기는 지혜를 모아 중국의 변화에 대비해야 할 때라고 나는 감히 말하고 싶다. 이런 의미에서 나는 이 책이 우리의 지혜를 모으는 데 일조할 수 있다면 더 바랄 것이 없다.

나는 얼마 전에 오랜 중국 생활을 마치고 한국으로 돌아와 둥지를 틀었다. 그러나 나의 의지와 상관없이 20여 년 전에 중국에서 살게 된 것에서 시작된 중국과의 관계를 통한 삶은 아마도 내가 죽을 때까지 계속될 것이다. 중국과 관계를 맺을 후배들에게 언제든 도움이 된다면 일조하겠다는 일념에는 변함이 없다.

두 딸 소연이와 소정이는 한국이 중국과 국교를 수립하기도 전인 20여 년 전에 중국의 수도 베이징의 황차우디(黃草地) 초등학교를 다녔다. 내가 일 때문에 가족과 함께 중국에서 거주해야 했기에 두 딸을 공산주의와 사회주의 이데올로기를 가르치는 중국의 학교에 보낼 수밖에 없었다. 그때 나와 아내는 '저러다가 저 아이들이 커서 빨갱이가 되면 어쩌나', '저 아이들이 자라면 과연 이데올로기가 문제가 되지 않는 시대가 올까' 하고 염려하고 고민하기도 했다.

걱정하는 부모의 마음을 아는지 모르는지, 국어(중국어) 교과서에 나오는 마오쩌둥(毛澤東) 전기를 큰 소리로 읽어 내 가슴을 아리게 했던 큰딸 소연이는 어느새 커서 서른 살이 됐고, 더러운 중국 아이들과 같이 공부하기 싫다면서 때로는 울면서 등교하기도 했던 작은딸 소정이도 이제는 의젓한 사회인이 되어 자기 몫을 톡톡히 해내고 있다. 잘 자랐을 뿐 아니라 이제는 오히려 중국말과 중국 문화에 익숙하여 누구보다 중국을 잘 아는 성인이 돼준 두 딸이 대견하다. 장래가 유망한 큰 사위 원엽이와 작은 사위가 될 승호도 고맙다. 특히 오랜 기간 중국에서 같이 생활하면서 어려운 환경을 잘 극복해준 집사람에게 고맙다. 모두에게 이 책을 선물할까 한다.

2013년 6월 지은이